Homo Mysticus

WOLFGANG STRUVE

HOMO MYSTICUS
ZWEI VORTRÄGE

ANDERS LEBEN VERLAG

CIP-Kurztitelaufnahme der Deutschen Bibliothek
Struve, Wolfgang:
Homo mysticus: 2 Vorträge / Wolfgang Struve. - 1. Aufl.
Wies/Südschwarzwald: Anders-Leben-Verlag, 1983.
Enth.: 1. Welt und Wirklichkeit. - 2. West-östliche
Mystik und das Problem absoluter Transzendenz
ISBN 3-923260-02-4

©1983 **ANDERS LEBEN VERLAG**
Peter Giovanazzi, D-7861 Wies/Südschwarzwald.
Alle Rechte bei Verlag und Autor.
ISBN 3-923260-02-4

U.S.

Diu meiste sache ist, daz der mensche muoz durchgân und übergân alliu dinc und aller dinge ursache, und dis beginnet den menschen verdriezen. Dâ von blîbet der mensche in sîner kleinheit.

Meister Eckhart

Inhalt

Welt und Wirklichkeit   9
Überlegungen zu einer elementaren Unterscheidung im philosophischen Denken.

West-östliche Mystik und das Problem   39
absoluter Transzendenz

Anmerkungen   71

Welt und Wirklichkeit

Überlegungen zu einer elementaren Unterscheidung im philosophischen Denken.

Das Thema dieses Vortrags betrifft Gedanken, die mich seit langer Zeit beschäftigen. Das Studium Generale ist gewiß eine vortreffliche Einrichtung, nicht zuletzt deshalb, weil es einem Universitätslehrer Gelegenheit gibt, sozusagen einmal aus der Schule zu plaudern.

Fichte sagt: „Was für eine Philosophie man wähle, hängt davon ab, was man für ein Mensch ist." Kein Mensch kann etwas anderes hervorbringen, als was in ihm liegt; keine zwei Menschen gleichen einander. Philosophie ist daher etwas Singuläres und hat kritisch zu sein, nicht im Sinne eines Besser-wissen-wollens, sondern eines Sichabgrenzens gegen andere. Als Erzeugnis des endlichen Menschen kann Philosophie nie etwas Fertiges und Abgeschlossenes sein oder werden, sondern ist etwas sich selbst immer wieder Übersteigendes, wie der Mensch es ist, solange der Geist in ihm lebt.

Aber das eben angeführte, oft zitierte Fichte-Wort hat eine viel weitergehende und fundamentalere Bedeutung, als es zunächst scheinen mag. Ich meine nämlich, das Menschliche ist etwas so Singuläres und das Geistige etwas so Endliches, daß eine bestimmte Philosophie in einem letzten und strengsten Sinn nicht kommunizierbar ist. Platons Idee, Kants Vernunft, Kierkegaards Begriff der Existenz, Nietzsches Gedanke der ewigen Wiederkunft des Gleichen sind so einmalige geistige Realitäten, daß sie in Wahrheit nur ein einziges Mal gedacht wurden und denkbar sind, nämlich von ihren Urhebern selbst. Aber eben darum sind sie exemplarisch und geht von ihnen eine immense Macht und Strahlung aus: die des unbegreiflichen Kern des Wirklichen.

Was das hier mitzuteilende Denken kennzeichnet, ist die Art und Weise, wie darin der Begriff der Transzendenz herauskommt und bis ins Äußerste gesteigert wird. Das ist etwas, das dieses Denken zu einem Fremdling in der gegenwärtigen Zeit macht, die ganz allgemein gesprochen durch das gekennzeichnet ist, was man schlagwortartig als Transzendenzschwund bezeichnen könnte. Das Schwinden des Sinns für genuin philosophisches Denken scheint mir nur eine Folge davon. Ein Thema wie das meine läßt sich daher heute nicht einfachhin behandeln, sondern erfordert fortgesetzt eine Reflexion auf die Methode, mit der es behandelt wird, und eine Rechtfertigung dieser Methode. Es geht auch nicht um irgendeine Lehre - ich bezweifle, ob die Dinge, die hier zur Sprache gebracht werden sollen, überhaupt lehrbar sind -, sondern nur darum, für gewisse Überlegungen Verständnis zu wecken. Vielleicht daß der Fremdling doch im Sinne des griechischen *Xénos* zu einem Freund werden könnte!

Diese Überlegungen sind zum Teil schwierig und abstrakt. Dennoch geht es dabei letztlich um etwas ganz Einfaches, nämlich um den Unterschied zwischen Welt und Wirklichkeit und darum, den Sinn für diesen Unterschied zu schärfen.

Dabei wird es so sein, daß je tiefer wir in den Stoff eindringen, uns dieser Unterschied um so größer wird, und das heißt weiter, die Bedenken und inneren Widerstände, die in uns dagegen aufstehen, sich mehren, ja nahezu unüberwindlich scheinen. Das liegt in der Natur der Sache. Gehören wir doch einer Welt an, die gerade die Einheit, ja Identität von beiden behauptet und zu erweisen sucht. Wir werden also fortgesetzt diesen Einwänden begegnen müssen. Die Erfahrung dieser inneren Widerstände und ihre Überwindung - das ist es, wovon dieser Vortrag eigentlich sprechen will; nicht aber will er irgendeine - neue oder alte - Theorie über Welt und Wirklichkeit aufstellen oder entwickeln. Daß wir es nicht können, uns aber auch dabei nicht beruhigen können, daß wir es nicht können - das ist gerade zu zeigen.

Welt und Wirklichkeit sind Grundwörter der Sprache des modernen Menschen, der Alltagssprache sowohl wie der Literatur und Philosophie. Dabei klingt uns aber Welt doch vertrauter als Wirklichkeit und weniger abstrakt. Zwar sprechen wir von der rauhen und harten Wirklichkeit und fordern, daß man auf deren Boden stehe, aber während es eine große Tageszeitung gibt, die sich „Die Welt" nennt und die zweifellos beansprucht, besonders wirklichkeitsnah zu sein, gibt es doch keine Zeitung, welche „Die Wirklichkeit" hieße und dieser Titel würde auch niemals die Zugkraft entfalten wie der erste. Ja, Welt ist heute überhaupt ein Zauberwort, das jeden in seinen Bann zieht. Nicht nur im politischen Bereich, wo es bei keiner Rede und keinem Artikel mehr ausgelassen wird,

-und auch die genannte Zeitung rühmt sich, „von Weltrang" zu sein -, sondern ebenso auf allen andern Lebensgebieten. Etwa eine Weltreise zu machen erscheint jedem modernen Menschen etwas Wunderbares und Schönes. Und Umwelt ist gegenwärtig ein Schlag- und Modewort, das selbst auf der Rückseite der Nivea Creme-Dose nicht mehr fehlen darf. Dennoch hat Wirklichkeit keine geringere Bedeutung in der Sprache und im Denken des heutigen Menschen. Man nehme nur die formelhaft erstarrte Wendung: in Wirklichkeit : „In Wirklichkeit ist es ganz anders" oder vergegenwärtige sich die Verbreitung des geläufigen Adjektivs wirklich, etwa in einer Frage wie dieser: „Ist das wirklich war?". So spürt man die umgreifende Bedeutung dieser Wörter, aber auch ihre Differenz: in keinem der angeführten Beispiele könnten sie miteinander vertauscht werden. Diese Differenz spürt man auch da noch, wo beide in ihrem allgemeinsten kollektiven Sinn das gleiche zu meinen scheinen, nämlich den Inbegriff dessen, was überhaupt ist.

Hier ist nun eine der methodischen Bemerkungen zu machen, welche die Behandlung unseres Themas ständig erfordert. Wir wollen nämlich Welt und Wirklichkeit zunächst in diesem ganz naiven, allgemeinen Sinn verstehen. Wir wissen, daß Begriffe wie Welt und Wirklichkeit nicht einfach da und vorhanden sind wie Steine, Bäume, Häuser und Berge, sondern Erzeugnisse des menschlichen Geistes sind, welche sich in einer langen philosophischen Tradition ausgebildet haben und diese daher voraussetzen mit allen ihren Errungenschaften, aber auch allen ihren Irrtümern. Wir wissen, daß außer solcher geschichtlichen auch sprachanalytische und positivistische Reflexion kommen und versuchen kann, solche Wörter überhaupt, wenn man ihnen irgendeine metaphysische Bedeutung unterlegt, als gegenstandslose und leere Trugwörter zu erweisen. Aber wir glauben, daß es darauf ankommt, gewisse in unserm Geist und Innern liegende Bedeutungsgehalte erst einmal zu erfassen und sich zur Anschauung zu bringen, die Naivität unseres natürlichen Meinens nicht gleich durch Reflexion zu zerstören, wohl aber es durch philosophisches Denken erst eigentlich zu sich selbst zu führen. Denn das natürliche Meinen ist dadurch gekennzeichnet, daß es in einer eigentümlichen Weise verstellt ist und sich verkehrt, sobald es sich ausdrücklich metaphysischen Gedanken zuwendet.

Zu einem philosophischen Weltbegriff gehört nun, sich folgendes so klar wie möglich zu machen: Von der Welt als Welt sprechen setzt voraus, daß man etwas denkt und mitbegreift, was nicht Welt ist. Denn etwas kann nur offenbar werden an dem, was es nicht ist. Wir wollen dies bei jedem Weltverständnis Mitgedachte und Mitbegriffene das Welt-Andere nennen. Und die Frage, die sich hier stellt, ist die: Was ist das Welt-Andere? Wie verhält es sich zur Welt?

Es lassen sich nun innerhalb der Philosophie und auch außerhalb ihrer ganz allgemein zwei große Denkfiguren unterscheiden, nach denen dieses Verhältnis gedacht und damit die Welt selbst aufgefaßt wird, und davon möchte ich zunächst sprechen.

Nach der ersten Denkfigur, welche die vorherrschende ist, verhalten sich Welt und Welt-Anderes zueinander wie Entspringendes und Ursprung, nach der zweiten, welche verborgener, aber nicht weniger wirksam und machtvoll ist, verhalten sie sich zueinander wie Schein zu Wirklichkeit.

Die erste Denkfigur findet sich in den mannigfachsten Formen und Gestalten innerhalb des westlichen philosophischen Denkens ausgeprägt. Alle Metaphysik denkt nach ihr. So etwa die christliche philosophische Schöpfungslehre. Das Welt-Andere wird aufgefaßt als Gott und Gott als Ursprung und Schöpfer, die Welt wird aufgefaßt als Schöpfung Gottes, als das aus dem göttlichen Ursprung Entsprungene und nach der Lehre von der creatio continua noch fortgesetzt, in jedem Zeitaugenblick Entspringende. Dieselbe Denkfigur liegt der neuplatonischen Emanationsmetaphysik zugrunde. Das Welt-Andere wird gefaßt als das jenseitige Ureine, aus dem die Welt zwar nicht durch einen personalen Akt der Schöpfung, sondern durch ein innebleibendes Ausfließen von Ewigkeit her hervorgegangen ist und hervorgeht. Bei nachlassender Intensität der Erfahrung und Kraft des Denkens kann dann in Spätzeiten der Ursprung als das Welt-Andere verblassen zu der vagen Vorstellung einer allgemeinen Vernunft oder eines allgemeinen Geistes als des Hintergrunds allen Weltgeschehens. Er gewinnt damit jene banale Selbstverständlichkeit, die für uns die Realität in dem Gewohnten des Alltäglichen hat. In neuerer und neuester Zeit werden Welt und Welt-Anderes dabei gern auch einfach vorgestellt als zwei Seiten ein und derselben Wirklichkeit, von denen uns die eine wesentlich abgewendet ist. So etwa vom späten Rilke in seinem berühmten Brief an Witold Hulewicz (vom 13.XI.1925): „Der Tod ist die uns abgekehrte, von uns unbeschienene Seite des Lebens... es gibt weder ein Diesseits noch Jenseits, sondern die große Einheit, in der die uns übertreffenden Wesen, die „Engel", zu Hause sind." Rilke gibt damit typisch modernem Weltempfinden Ausdruck, das jeder Dualität feind ist. Rilkes Stärke waren nicht solche abstrakten Aussagen über sein Daseinsgefühl. Es ist klar, daß, wenn es weder ein Diesseits noch ein Jenseits gibt, es auch die große Einheit nicht mehr geben kann, von der Rilke spricht, sondern diese mit jenen verschwindet, eine Konsequenz, die vor Rilke schon Nietzsche gezogen hatte.

Denkt man das Welt-Andere als Ursprung und die Welt als Entsprungenes, so gilt dafür, wie immer man es auch im einzelnen fassen mag, die Fundamentaldialektik, die jede eigentliche Ursprungsbeziehung kennzeichnet, nämlich Ursprung und aus dem Ursprung Entspringendes müssen sowohl voneinander verschieden wie miteinander dasselbe sein, sie müssen voneinander gegenseitig abhängig sein und schließlich muß der Ursprung einen Vorrang vor dem Entspringenden haben. Es gehört dies zu den Elementen philosophischen Denkens, und ich brauche das hier nicht näher auszuführen.

Je radikaler und entschiedener man die Ursprungsbeziehung denkt, desto mehr verschärfen sich die Momente der dargestellten Dialektik. Am radikalsten aber wird die Ursprungsbeziehung erfahren und gedacht in den mystisch orientierten Philosophien. Die großen Mystiker - ich nenne hier vor allem Plotin und Meister Eckhart - waren daher stets auch große Dialektiker. Die Verschiedenheit von Ursprung und Entspringendem wird in der Mystik zur Andersheit schlechthin: noch die moderne Religionsphilosophie begreift Gott als das „ganz Andere"; die Selbigkeit von Ursprung und Entspringendem wird zur Identität: das Einswerden mit Gott in der unio mystica.

Wichtig ist noch, darauf zu achten, daß auch der Ursprung vom Entspringenden abhängig sein muß und nicht nur dieses von jenem. Auch dies Moment der Ursprungsdialektik verschärft sich entsprechend in der Mystik. So ist etwa bei Angelus Silesius zu lesen:

> Gott lebt nicht ohne mich
>
> Ich weiß, daß ohne mich Gott nicht ein Nu kann leben,
> Werd ich zunicht, er muß von Not den Geist aufgeben.

Ich führe diesen Zweizeiler auch deshalb hier an, weil er ein Musterbeispiel mystischer Aussage ist. Etwas ganz Abstraktes wird ganz konkret, ebenso klar und einfach wie anschaulich und einprägsam ausgesagt. Dabei dient der anstößige, scheinbare Anthropomorphismus, daß von einem Geist-aufgeben-müssen, also Sterben-müssen Gottes gesprochen wird, nicht nur dazu, durch seine Paradoxität - ist Gott doch gerade der Unsterbliche - zum Nachdenken aufzurufen, sondern macht die Verse durchscheinend für das unaussprechlich Eigentliche der Aussage. - Wichtig ist, dieses Moment der Ursprungsdialektik nicht auszulassen, weil es zeigt, daß, je radikaler man die Ursprungsbeziehung denkt, um so mehr die Eigenbedeutung des Entspringenden zunimmt und nicht etwa abnimmt oder gar, wie man meinen könnte, es diese verliert. Das heißt: je radikaler ich die Welt abhängig denke vom Welt-Anderen, desto mehr gewinnt sie selbst an Bedeutung.

Dabei ist es für alle Philosophie, Metaphysik und Mystik, die nach dieser Figur denkt, so, daß die Welt als in irgendeiner Weise vom Ursprung abgefallen oder sich von ihm entfernt habend aufgefaßt wird und die Aufgabe ist, die rechte Ursprungsbeziehung wieder herzustellen oder allererst zu gewinnen.

Neben diese allgemeine Denkfigur stellen wir nun eine zweite große, nämlich die, welche das Verhältnis von Welt zu Welt-Anderem auffaßt wie das von Schein zu Wirklichkeit. Auch sie ist historisch seit Beginn des philosophischen Denkens der Menschheit in verschiedenster Weise und Form ausgeprägt und leitend, aber ist tiefer, hintergründiger, weiter ab von der Oberflächenrationalität des allgemeinen Verstandes. Andererseits entspricht ihr doch ein elementares, alles durchdringendes Grundgefühl im Menschen überhaupt, das indessen meist niedergehalten ist und, wo es hervorgebracht wird, nur zu leicht sich selbst verkennt. Und Mißverständnisse liegen hier nahe genug: so schon von dem Nächsten, der Sprache her. Denn diese ist von Haus aus Weltsprache, das heißt hat sich gebildet für die Verständigung und für das Sichaussprechen innerhalb der Welt, nicht aber für das Sprechen über die Welt. Wo sie dazu sich anschickt, erfährt sie eine grundlegende Wandlung: die Wörter erhalten den Charakter von Zeichen und Symbolen, werden zu „Chiffren", die Sätze werden mehrsinnig, ihre einfache Aussage erschöpft sich nicht in dem unmittelbaren nächsten Sinn, sondern zeigt darüber hinaus solches, das sprachlich nicht faßbar ist, wie etwa der vorher angeführte Zweizeiler von Angelus Silesius. Frühe Musterbeispiele, man könnte sagen Schulbeispiele dafür sind auch die meisten Sprüche von Heraklit.

Wenn wir also sagen, daß nach der zweiten Denkfigur die Welt als Schein aufgefaßt und erfahren wird, so ist klar, daß Schein hier nicht in einem dinghaften und faktischen Sinn gemeint sein kann. Denn wenn man die Welt als Schein denkt, denkt man damit über alle Welt und alle Weltfakten hinaus, hat den Bereich des Welthaften verlassen. Am ehesten kommt man noch zu einem Verständnis, wenn man Schein von seinem Gegensatzverhältnis her faßt, in dem er hier zu Wirklichkeit steht, wobei allerdings zu beachten ist, daß das Wort Wirklichkeit ebenfalls die grundlegende Verwandlung erfährt, von der gesprochen wurde. Schein meint in diesem Sinn ganz allgemein das, was nicht wirklich ist. Der Schein muß nicht notwendig täuschen. Wenn wir bei einem Kunstwerk vom schönen Schein sprechen, so meint Schein hier nicht etwas Täuschendes und Trügendes, aber ist auch nicht einfach in der Ausgangsbedeutung von Glanz genommen, wie sie sich abgeschwächt etwa noch in Sonnenschein und Mondenschein erhalten hat. Durchweg liegt aber im Begriff des Scheins ein gewisses Moment des Täuschenden, Illusorischen: das, was als wirklich erscheint, sozusagen verleitet, es für wirklich zu nehmen, aber nicht wirklich ist.

Für die zweite Denkfigur ist also die Welt Schein in dem Sinn, daß sie sich als nicht wirklich erweist gegenüber einem Andern, das als eigentlich wirklich erfahren und erkannt, ohne daß aber dieses zu jenem in eine Ursprungsbeziehung gesetzt wird. Denn sonst stünden wir wieder bei der ersten Denkfigur. Darauf wird hier nicht reflektiert, und es ist für das Eigentümliche dieser Denkfigur auch nicht nötig, es zu tun. Die Welt selber verliert hier jede Eigenbedeutung, darum aber keineswegs jede Bedeutung. Im Gegenteil: sie gewinnt in einem neuen Sinn immense Bedeutung, sofern sie sich als Schein vor das Wirkliche legt und die Aufgabe stellt, ihren Schein zu durchdringen und an das zu gelangen, was eigentlich wirklich ist. Das vermag ein Weltwesen, sofern es die Welt nicht auf immer verlassen kann, nur für Augenblicke, obschon es seine ganze Zeit dafür aufwenden muß, solche Augenblicke zu erreichen.

Der sie erreicht, der „Erwachte", „Erleuchtete" führt eine Doppelexistenz; er lebt gleichsam nebeneinander in der Sphäre der Wirklichkeit und der der Welt, ohne beide wesentlich aufeinander zu beziehen. Das Verhältnis von Welt und Wirklichkeit nach der zweiten Denkfigur ist kein Problem oder nur ein Scheinproblem, weil ein solches Verhältnis nach ihr gar nicht besteht. Wohl legt sich nach dieser Denkfigur die Welt als Schein vor die Wirklichkeit, aber diese ist gegenüber jenem Schein ganz gleichgültig. Dagegen ist für die erste Denkfigur das Verhältnis von Welt und Welt-Anderem zueinander gerade *das* Grundproblem.

Das Welt-Andere der zweiten Denkfigur hat nichts, das der ersten Denkfigur dagegen alles mit der Welt zu tun, sofern diese als Entsprungene zwar von ihm verschieden, aber dialektisch auch wieder mit ihm dasselbe sein muß. Man könnte auch sagen, das Welt-Andere der ersten Denkfigur sei ein Relativ-Transzendentes - denn eine Transzendenz erfordert jede wesentliche Ursprungsbeziehung -, das dagegen der zweiten sei ein Absolut-Transzendentes. Wie denn überhaupt die Differenz beider Denkfiguren in der Auffassung und Steigerung der Transzendenz liegt. Die erste hat eine metaphysisch-rationale, die zweite eine mystisch-irrationale Intention. Geschichtlich und kulturell gesehen dürfte die erste mehr westlich-christlichem, die zweite östlich-buddhistischem Empfinden entspringen. Dennoch erscheint sie auch bei uns, nämlich im Denken der Mystik. So etwa bei Meister Eckhart an extremen Stellen einiger seiner Predigten. Man hat häufig bemerkt, daß in aller Mystik ein gewisses morgenländisches Element liegt. Die Mystiker sind daher trotz eines immensen Einflusses auf das philosophische Denken bei uns stets Fremdlinge geblieben. Ein vorzügliches Beispiel dafür ist Plotin; und Meister Eckhart hat man den Prozeß gemacht.

Je abstrakter ein Gedanke ist, um so mehr bedarf er zu seiner Einführung der Versinnlichung, braucht man zu seinem Verständnis sinnliche Bilder und Gleichnisse. Es wäre ganz falsch zu meinen, der abstrakte Gedanke ertrüge das nicht oder die Strenge des Denkens erlitte dadurch Einbuße. Infolge der Endlichkeit des rationalen Denkens braucht er es am allermeisten. Die großen Philosophen haben es gewußt. Man denke nur an das Sonnengleichnis, Liniengleichnis und Höhlengleichnis von Platon in der Mitte seiner Politeia für das Abstrakteste und Unsinnlichste seiner Philosophie, nämlich für die Idee des Guten und den Aufstieg zu dieser höchsten Idee. So könnte man auch nach gewissen Bildern für die beiden Denkfiguren fragen und sich die erste etwa an folgendem versinnlichen. Ihr Welt-Anderes gleicht dem Meer, dem Gestalt- und Grenzlosen, welches das Begrenzte, Gestalt- und Welthafte des festen Landes umspült und umschließt. Dies ist gleichsam aus ihm gekommen und aufgestiegen, wie auch das Leben aus ihm entstanden ist. Ähnlich haben wohl die frühen griechischen Philosophen empfunden, insbesondere der erste abendländische Denker, von dem wir wissen, Thales, der für alle folgenden den Auftakt gibt: das Wasser als das Apeiron denkt er als den Ursprung von allem überhaupt. Für das Welt-Andere der zweiten Denkfigur könnte dagegen als Gleichnis der Raum dienen, der an dem Gestalthaften faßbar wird, das in ihn hineinsteht, ohne ihn zu berühren und von ihm berührt zu werden. Vorzüglich sind das aber ganz einfach sinnlich die Gebirge.

Wir haben hier zwei mögliche Auffassungen für das

Verhältnis von Welt und Welt-Anderem entwickelt. Beide sind bestimmend für die metaphysischen Grundpositionen, welche das menschliche Denken in verschiedenster Weise ausgebildet hat; die zweite jedoch viel seltener und viel weniger durchgreifend. Das ist nicht verwunderlich: denn sie ist ungleich schwieriger, stellt höhere Anforderungen, nicht nur an das spekulative und dialektische Denken, sondern an die gesamte innere Kraft des Menschen überhaupt. Diese ist heute infolge der zunehmenden technischen Zivilisation unseres Zeitalters weitgehend zersetzt und im Schwinden. Darum ist man aber nicht etwa passiv, sondern sträubt sich aktiv gegen alles, was solche Kraft fordert, und sucht, es als nichtig zu erweisen. Stärke ist noch niemals totalitär gewesen - das hat sie nicht nötig -, Schwäche ist es aber stets. Die zweite Position setzt eine absolute Differenz zwischen Welt und Wirklichkeit. Eine solche ist dem modernen Menschen, der überhaupt alles zu nivellieren sucht, unerträglich. Man kennzeichnet eine solche Position wohl auch als Dualismus, eine nicht gerade sehr schöne Wortprägung, die überdies einen gewissen wertenden Akzent trägt, und man ist mit Einwendungen schnell bei der Hand. Zwei der wichtigsten seien hier kurz genannt und erörtert.

Nach der zweiten Denkfigur haben Welt und Wirklichkeit nichts miteinander zu tun. Aber läßt sich etwas gänzlich Beziehungsloses überhaupt denken? Widerspricht sich nicht schon rein formal die Aussage: A und B sind gänzlich beziehungslos. Denn damit, daß ich dies behaupte, setze ich bereits A und B zueinander in Beziehung, äußerlich schon daran sichtbar, daß ich sie in einem Satz vereinige und zusammenschließe. Aber solche formal-logische Argumentation richtet hier nichts aus. Sie zeigt nur, daß gänzliche Beziehungslosigkeit nicht zu denken, unbegreiflich ist, nicht aber, daß es sie nicht gibt. Das heißt, sie zeigt die Endlichkeit des rationalen Denkens, das, sobald es auf das Absolute geht, in Widersprüche gerät, „strandet", wie Kierkegaard es ausgedrückt hat.

Die andere, wenn man so will, ethisch-praktische Einwendung wäre die, daß die Welt, wenn sie als Schein aufgefaßt wird, damit zu sehr entmächtigt wird, auch wenn Schein dabei in einem transzendentalen Sinn genommen ist, sie ihre Eigenbedeutung verliert. Was soll mit solchen Thesen eine moderne Industriegesellschaft anfangen können, die täglich die Realität des Tatsächlichen demonstriert und in ihren technischen Errungenschaften spektakuläre Beweise ihrer Eigen- und Selbstmacht gibt. Aber wenn wir so argumentieren, denken wir nicht philosophisch, sondern reflektieren funktionalistisch, wie wir es allerdings infolge der Bedienung von technischen Apparaturen, zu der wir auch im alltäglichsten Leben zunehmend genötigt sind, in weit höherem Maße heute tun, als es uns im allgemeinen bewußt sein dürfte. Philosophisch denken heißt: sich dem Unfaßlichen der Wirklichkeit öffnen und aussetzen. Das vermag man aber nur, wenn man von allem andern dabei absieht.

Wir wollen uns das vorliegende Problem noch durch folgende Überlegung verdeutlichen. Wenn A und B im strengen Sinn voneinander verschieden sind, so können sie sich weder miteinander verbinden noch auch zueinander in Gegensatz treten; - denn jede Gegensätzlichkeit, das gehört zu den Elementen der Dialektik, setzt Gemeinsamkeit voraus -, wohl aber schließen sie einander aus: wo A ist, kann nicht B sein und umgekehrt. Nehmen wir nun einmal an, es gäbe etwas, das sowohl A wie B zugehören kann. Es wäre dies dann nur so möglich, daß es jeweils entweder dem einen oder dem anderen zugehört, nicht aber kann es beiden zugleich zugehören, und es kann diese Zugehörigkeit auch nur so ändern, daß es von dem einen zum andern überwechselt, ohne bei diesem Wechsel etwas mithinübernehmen zu können, auch nicht sich selbst. In diesem Sinn wurde früher gesagt, daß der zur Eigentlichkeit Gelangte nach der zweiten Denkfigur eine Doppelexistenz führt, welche aber keine schlechte ist, sondern tief in den unauflöslichen und auf keine Weise versöhnbaren Widerspruch endlichen Daseins zurückweist.

Wir haben zwei große Denkmöglichkeiten für das Verhältnis von Welt und Welt-Anderem entwickelt. Für welche sollen wir uns entscheiden, oder ist solche Entscheidung gar nicht nötig, weil beide zu Recht bestehen und sich gar nicht widersprechen müssen? Dies scheint mir der Fall. Die zweite Denkfigur schließt die erste nicht notwendig aus, sondern, wenn man es so ausdrücken will, überhöht sie, und die erste Denkfigur wird nur dann falsch, wenn sie für sich Totalität beansprucht, das heißt, wenn sie den als Welt-Anderes richtig verstandenen Ursprung der Welt schon für das Welt-Andere schlechthin und damit ihn zusammen mit der Welt für die Wirklichkeit überhaupt hält.

Daß dies nicht der Fall sein kann, möge hier noch durch folgende dialektische Erwägung kurz dargetan werden. Wirklichkeit im strengen, absoluten Sinn kann nicht endlich sein. Denn wäre sie endlich, so wäre sie denkbar und aufhebbar. Wirklichkeit ist aber das Undenkbare und Unaufhebbare, das, woran unser Denken und Empfinden kommt und stößt, wenn es alles überhaupt zu umfassen und in sich einzubegreifen sucht und merkt, daß es das nicht kann, wobei dieses Merken selbst nicht wieder aussprechbar ist. Welt dagegen ist als in sich Geschlossenes wesenhaft endlich. Denn wie immer man die Welt auch auffaßt, so meint dieser Begriff doch stets eine in sich geschlossene und zurücklaufende Ganzheit. - Da nach den vorher aufgestellten dialektischen Sätzen über das Ursprungsverhältnis Ursprung und Entspringendes miteinander dasselbe sein müssen, müßte die Wirklichkeit also, stellte der Ursprung sie schon dar, selber endlich sein. Also ist zu schließen, daß der Ursprung der Welt nicht die Wirklichkeit sein kann so wenig wie die Welt selbst. (Man könnte einwenden wollen: es müßte nach dieser Ursprungsdialektik aber auch der Ursprung der Welt von der Welt wesenhaft verschieden, also nicht endlich sein. Das ist zutreffend. Streng genommen wäre also zu sagen: der Ursprung der Welt muß sowohl endlich wie nichtendlich sein, die Wirklichkeit kann aber nur nichtendlich sein. Ihre „Unendlichkeit" ist anderer Art als die des Weltursprungs und hat mit ihr nichts gemein. Man spricht daher besser hier von Nichtendlichkeit.)

Solche dialektischen Gedankengänge sind uns heute fremd geworden, aber kein begriffliches Denken, das auf das Absolute geht, kann auf sie verzichten. Wo man sich allerdings nicht mehr dem Absoluten zu öffnen vermag oder sich sogar willentlich, soweit das möglich ist, gegen es verschließt, müssen sie als leer und müßig erscheinen. Was bedeuten sie im gegenwärtigen Fall? Daß der eigentlich spekulative, also der transzendierende Gedanke sich nicht nur über die Welt erhebt und zu ihrem Ursprung zurückgeht, sondern sich notwendig auch noch über dies Gesamthafte, die Welt und ihren Ursprung erheben muß. Wie sollen wir dies nun bestimmen, zu dem er sich erhebt, die Wirklichkeit im eigentlichen und letzten Sinn?

Wir haben früher bei der Darstellung der beiden Denkfiguren den Ausdruck: das Welt-Andere geprägt. Der Ursprung der Welt wäre danach nur ein Relativ-Anderes zur Welt, die Wirklichkeit dagegen im letzten Sinn das Schlechthin-Andere überhaupt. Aber diese Sprechweise hat doch viel Mißliches und kann nur eine vorläufige sein. Auch führt sie leicht zu fundamentalen Mißverständnissen. Wir sagen etwa: Die andere Seite. Ein außerordentlicher Roman von Alfred Kubin trägt diesen Titel. Aber das schlechthin Andere, von dem wir jetzt sprechen, meint *nicht* die andere Seite der Welt; das könnte man nur, wie kurz erörtert, mit gewissen Einschränkungen von dem Relativ-Anderen der ersten Denkfigur sagen. Ferner verleitet die Redeweise: *das* Andere unwillkürlich dazu, das zu vergegenständlichen und zu verdinglichen und das heißt doch wieder zu verweltlichen, was auf keine Weise gegenständlich werden und in die Welt und in das eigene Denken hereingenommen werden kann. Dies scheint mir ein Hauptmangel in der modernen Religionsphilosophie, wenn sie mit dem Begriff des „ganz Andern" operiert. Wird dieser überdas zu einem feststehenden, selber fraglosen Terminus, so ist alles verloren.

Doch können wir als Weltwesen die Wirklichkeit nur von der Welt her bestimmen und denken. So bleibt nur eine Möglichkeit, wenn wir es tun wollen, ohne sie zu verweltlichen und damit wieder dem Schein zu verfallen, nämlich die Welt selbst zu verneinen, Wirklichkeit zu denken als *das Nicht* der Welt. Und dies ist denn auch das Primäre und Eigentliche bei der Art von Wirklichkeitserfahrung, von der wir hier sprechen: dies alles ist es nicht...

Die Sprechweise: „das Nicht" klingt vielleicht für manche ungewöhnlich und befremdend. Das soll sie auch; aber sie ist darum, meine ich, keineswegs eine gesuchte und gekünstelte. Rein sprachlich war sie in älterer Zeit durchaus üblich. So kann man etwa in dem Basler Taulerdruck von 1522 (1521) lesen: „Das nicht an dem die sel ruw findet das ist blosse gottheyt." (292 rb) Wir würden heute statt „das Nicht" sagen „das Nichts". Ebenso findet sich bei Luther noch das Substantiv „Nicht", das dann im Laufe des 16. Jahrhunderts (Trübners Deutsches Wörterbuch) durch „Nichts" ganz verdrängt wird. Doch hat sich die „substantivische Kraft" des Wortes Nicht in einigen Redewendungen bis heute erhalten wie in „zunichte werden" oder in der noch allgemein üblichen Wendung: hier ist meines Bleibens nicht.

Die Griechen - Platon und Aristoteles - haben als den Ursprungsgrund der Philosophie das Staunen bezeichnet. Staunen - worüber? Über das, was sie als das immerwährende und nie zu erschöpfende Thema des philosophischen Denkens angeben: das Sein. Das Sein ist aber als Sein nicht zu denken, ohne zugleich seinen Gegensatz mitzudenken. Das ist aber das Nichtsein oder, wie die Griechen sowohl wie die spätere philosophische Tradition es auch ausdrücken, das Nichts. So wird mit der Frage nach dem Sein notwendig die nach dem Nichts thematisch, aber in der Weise, daß sie abgewehrt wird. Denn die Grundfrage ist eben die nach dem Sein und nicht die nach dem Nichts. So ist es genau schon bei dem ersten abendländischen Seinsdenker, bei Parmenides von Elea. Man kann dies auch so ausdrücken: die klassische abendländische Philosophie ist von ihrem Ursprung her als „Seinsphilosophie" eine nihilistische, und zwar in der Weise, daß sie sich gegen den Nihilismus behauptet. Das ist hier nicht in irgendeinem wertenden oder gar abwertenden Sinn gemeint. Im Gegenteil: das Sein wird um so leuchtender und stärker und gedanklich um so mehr erfaßt, je mehr es sich von seinem Hintergrund und Untergrund, dem Nichts, abhebt.

Aber das Nicht, von dem wir hier sprechen, verneint nicht nur das Sein, sondern ebensosehr auch das zu ihm gehörige Nichtsein oder Nichts. Und ist schon das Sein vor dem Hintergrund des Nichts etwas im wesentlichen Sinn Erstaunliches, so wird man in das Wunderbare schlechthin versetzt, wenn man mit dieser ungleich stärkeren Verneinung Ernst macht. Und bereitet es schon nahezu unüberwindliche Schwierigkeiten, von dem Sein und Nichts in einwandfreier Weise zu reden und ohne sich selbst zu widersprechen, so werden die Schwierigkeiten abermals größer, weil mit dieser Verneinung die Sprache ihre natürliche und gewohnte Funktion gänzlich einbüßt. Eben darauf soll die Redeweise mit dem Nicht verweisen.

Das Nicht ist nicht etwas Gegenständliches. Das sind auch das Sein und das Nichts der klassischen traditionellen Philosophie nicht; sie sind nicht als ein Etwas zu denken, das die Eigenschaft hat, das Sein oder das Nichts zu sein, aber sie sind doch etwas für die philosophische Reflexion Erfaßbares und Aussprechbares. „Das Nicht" dagegen ist nicht als ein Ausdruck zu verstehen, der etwas bezeichnet, das man sich als einen bleibenden Denkinhalt vergegenwärtigen könnte, sobald man nur gesammelt genug ist und sich genügend darauf konzentriert, sondern eher als die Anweisung zu einem inneren Vollzug, der, wenn er einwandfrei geschieht, mich an etwas stoßen läßt, das ich weder ergreifen noch festhalten noch selber denken kann, dessen Wesen mir aber im Augenblick des Stoßes blitzhaft aufleuchtet. Ich sage: innerer Vollzug. Man bezeichnet wohl sonst auch die Verneinung als einen logischen Akt oder eine logische Operation. Wir werden aber später noch zu zeigen haben, daß die Verneinung, von der wir hier sprechen, nicht eine Tätigkeit ist, vielmehr ihr Vollzug nur im Aussetzen aller Tätigkeit geschieht.

Es liegt in der Natur der Sache sowohl wie der Sprache, daß man das Nicht, welches das Sein und ebensosehr auch das Nichts aufhebt, mit diesem letzten insgeheim für einerlei hält. Wie immer man das Nichts auffaßt, als den Gegensatz oder als „das Andere" oder als den „Schleier" des Seins, denkt man es in jedem Fall dabei in einem wesenhaften Bezug zum Sein und zur Welt. Wir können dieses Nichts als Weltnichts bezeichnen, jenes Nicht dagegen als das Nicht der Welt.

Das Weltnichts ist grauenhaft schlechthin. „Schlechthin" will sagen: so grauenhaft, daß kein geistiges Wesen es aushält, sich es bloß und ohne irgend etwas Schützendes dazwischen zu vergegenwärtigen. Ohne metaphysische Illusion können wir hier gar nicht leben. Das Nicht der Welt dagegen ist nicht grauenhaft. Das blitzhafte Aufleuchten im Augenblick des Stoßes, von dem vorher gesprochen wurde, bedeutet vielmehr eine Bergung, die nicht welthafter Art ist. Es ist hier nicht nur die Welt, sondern auch das von der Welt unabtrennliche Nichts aufgehoben.

Man kann sich dies noch durch folgende Überlegung deutlicher machen. Die Welt ist als in sich geschlossene endlich. Das Endliche ist mit dem Nichts behaftet, und zwar nicht nur in der äußerlichen Weise, daß es zeitliche und räumliche Grenzen hat und zerstört werden kann, sondern es ist von dem Nichts gleichsam ganz durchdrungen, ist in sich selbst nichtig. Das Nicht der Welt ist so als das Nicht alles Endlichen das Nicht des Nichtigen. Und das bedeutet: das Nicht der Welt ist nicht etwa das gleichgültige Andere gegenüber der Welt, sondern das unendlich Höhere als sie, ist dialektisch notwendig, wenn man es so ausdrücken will, nicht etwas Unterweltliches, sondern ein Überweltliches. Es scheint mir dies ein wichtiger Gedanke und eine fundamentale Einsicht, daß, wenn man das Endliche wesenhaft verneint, man nicht etwa an solches gelangt, was weniger oder niedriger ist als Endliches, eben zum Nichts und Nichtigen in dem banalen Sinn, den das Wort in der alltäglichen Sprache hat, sondern an solches, was unendlich höher und mehr ist, weil Verneinung des Endlichen stets doppelte Verneinung, also eine Bejahung ist, die selber nicht endlich ist und nur auf diese Weise so ausgesprochen werden kann. Das Nicht der Welt ist so gesehen das Nicht des Nicht.

Doch solche dialektischen Bestimmungen lassen einen letztlich unbefriedigt zurück: Was ist nun dieses Nicht? Oder ist man doch schon wieder von dem abgewichen, worum es hier geht, wenn man so fragt. Denn die Frage: was ist es? erfordert eine Antwort von der Form: es ist das und das. Das Nicht ist aber kein Das. Denn nach dem Satz des Spinoza: Omnis determinatio est negatio ist keine Bestimmung und kein begriffliches Erfassen möglich ohne Verneinung, das Nicht als das Nicht der Welt und das Nicht des Nichts verneint aber jede Verneinung. Es ist damit im strengsten Sinn unbegreiflich.

Wirklichkeit als das Nicht der Welt ist das schlechthin Unbegreifliche.

Es ist schwer, und heute schwerer denn je, mit solcher These Ernst zu machen. Ich meine nicht, sie zu bejahen oder zu verneinen: das ist leicht und schnell getan, sondern zu ihr einen tatsächlichen inneren Bezug zu gewinnen. Denn für uns ist zunächst und gewöhnlich das Wirkliche das Vertraut-Banale der alltäglichen Realität. Diese ist das vom Menschen Gesetzte. Setzen hier in einem ganz weiten Sinn genommen, der sowohl das vom Menschen Gemachte und Erzeugte wie das von ihm in Verfügung Genommene betrifft. Und dem sich auszusetzen, was in keiner Weise vom Menschen herrührt, dürfte schon im äußeren Sinn heute schwer geworden sein. Heisenberg sagte in einem Vortrag „Das Naturbild der heutigen Physik": „In unserer Zeit aber leben wir in einer vom Menschen so völlig verwandelten Welt, daß wir überall, ob wir uns mit den Apparaten des täglichen Lebens umgeben, ob wir eine mit Maschinen bereitete Nahrung zu uns nehmen oder die vom Menschen verwandelte Landschaft durchschreiten, immer wieder auf die vom Menschen hervorgerufenen Strukturen stoßen..." (abgedruckt in „Die Künste im technischen Zeitalter", München 1954, S.61). Dabei hat das vom Menschen Herrührende und Verfertigte in der Steigerung durch die Technik, die unser Leben bis in seine kleinsten und nebensächlichsten Verrichtungen hinein beherrscht und bestimmt, derart den Schein der Wirklichkeit für sich, daß sich dem kaum noch zu entziehen ist. Man braucht dabei keineswegs nur an die spektakulären modernen, technischen „Superdinge" denken wie etwa die Wasserstoffbomben oder die Raumfahrzeuge, die auch kollektiv-psychisch, nicht zuletzt durch die von ihnen unabtrennbare Propaganda eine unabsehbare Macht ausüben, sondern am größten ist diese Macht, meine ich, in den kleinen gleichgültigen Dingen des alltäglichen Gebrauchs. Wer wird an der Realität einer Blechtube oder einer Plastikflasche zweifeln wollen?

Wir wollen es auch nicht. Aber was wir in Frage stellen, ist, daß das Reale dieser Dinge das Wirkliche sei. Denn das Wirkliche, so behaupten wir, ist das schlechthin Unbegreifliche.

Man könnte argumentieren - und das ist wohl die heute vorherrschende Auffassung: Mag die Wirklichkeit in ihrem Kern unbegreiflich sein - was geht es mich an. Was unbegreiflich ist, ist mir damit verschlossen und unzugänglich. Ich für meine Person halte mich an das Begreifliche. Mir sind auf dieser Erde genug konkrete Aufgaben gestellt. Wozu soll ich mich mit dem Unbegreiflichem befassen? Wer so spricht, wird stets Beifall finden. Aber einmal ist das wiederum funktionalistisch reflektiert, nicht philosophisch gedacht. (Wir verhalten uns dann geistig nicht anders, als wir es tun, wenn wir den Stempelautomaten für Fahrkarten bei der Bahn bedienen. Und mit welcher Freude bedienen wir nicht solche Automaten!) Sodann kann ich mich auf diese Weise dem Anspruch und Zug des Unbegreiflichen nicht entziehen. Denn das Unbegreifliche ist als das Nichtendliche, wie früher dargelegt, gegenüber dem Begreiflichen und Endlichen das wesensmäßig Höhere und Werthaftere. Ich kann daher als Endlicher dagegen nicht gleichgültig sein. Kant sagt am Schluß seiner „Grundlegung zur Metaphysik der Sitten", daß wir „zwar nicht die praktische unbedingte Notwendigkeit des moralischen Imperativs" begreifen, „aber doch seine Unbegreiflichkeit" begreifen, welches alles sei, „was billigermaßen von einer Philosophie, die bis zur Grenze der menschlichen Vernunft in Prinzipien strebt, gefordert werden kann". Mit andern Worten: wir können nicht begreifen, aber wir können begreifen, daß wir hier nicht begreifen können, und haben daher nicht weiter darüber nachzusinnen. Aber so ist es mit dem schlechthin Unbegreiflichen der Wirklichkeit nicht. Wir können hier, worum es Kant zu tun ist, keine Grenze ziehen, uns nicht ihm gegenüber im Begreiflichen ansiedeln und behaupten. Es gibt gleichsam keine Burg, auch keine innere, in die ich mich vor ihm zurückziehen könnte.

Das Unbegreifliche ist zwar verstandesmäßig nicht faßbar. Das bedeutet aber keineswegs, daß bei ihm alles begriffliche Denken aufhören müsse. Im Gegenteil, dieses erfährt durch es seine äußerste Steigerung. Man kann es denkend nicht erfassen, wohl aber mit dem Denken daran stoßen. Dazu muß man aber eben denken.

Doch solches Denken allein genügt nicht. Soll es mehr als eine bloß intellektuelle Operation sein, muß jeglichem gedanklichen Akt zuvor schon das Wirkliche leibhaft er-

fahren werden. Wie sollte das Denken auch sonst an es stoßen können?
Wo und wie geschieht solche Erfahrung?
Zur ersten Frage: Wo wird das Wirkliche als das Nicht der Welt erfahren?
Die Antwort hat zunächst ganz einfach zu lauten: In der Natur - wie überhaupt für jede Wirklichkeitserfahrung die Naturerfahrung maßgebend ist, die man hat -; aber diese allgemeine Antwort bedarf nun der Präzisierung und der Entfaltung. Natur hat nämlich zwei wesentlich verschiedene Aspekte, wenn man es so ausdrücken will, eine weltliche und eine magische Seite.
Zum ersten, zum Weltaspekt der Natur: Wenn an schönen Tagen, etwa einem prächtigen Sommertag die Natur im Lichte der Sonne wie feiernd daliegt, scheint sie nur eins zu tun: den Menschen in seinem irdischen Dasein zu bestätigen, der dann wohl dankbar „diese grüne Erde" und „diese schöne Welt" preist, sich in ihr geborgen fühlt und sein Ja zu ihr spricht. Aber er kann sich dabei doch nicht verhehlen - und am wenigsten kann es der moderne Mensch -, daß diese Geborgenheit nur eine verhältnismäßige und zeitweise, ja, in Wahrheit nur eine scheinbare ist. Wir wissen heute: Die Erde wird einmal in einer furchtbaren kosmischen Katastrophe vernichtet und von der ausbrennenden Sonne wieder in sich zurückgenommen werden. Sie liegt auch nicht im Schoß und in der Mitte des Alls, sondern „irgendwo" an einer „Ecke" (Pascal) der kosmischen Natur, innerhalb deren Gesamtheit sie nur so etwas wie eine beiläufige Nische für das organische Leben darstellt, wobei dessen Erzeugung kaum mehr als das Ziel des kosmischen Prozesses betrachtet werden kann; ja das organische Leben wie ein Fremdling darin anmutet. Doch wir brauchen nicht so weit ins Kosmische zu gehen, um zu gewahren, daß die Natur stets auch das Fremde, „Unverwandte" (Rilke) ist, ja, dies eigentlich ist, sobald man sich näher auf sie einläßt. Wer an einem Sommertag wie dem eben genannten im Gras liegt und sich liebevoll in seine allernächste Umgebung versenkt, wie es etwa Dürer in seiner Darstellung eines Rasenstücks und Geßner in seiner nicht weniger meisterlichen Beschreibung der „Gegend im Gras" getan haben - wenn der mit einmal wahrnimmt,

wie Ameisen sich an die Flügel einer Libelle geklammert haben und andere ihr die Augen ausbeißen, um sie wehrlos zu machen - der spürt, wie hier unter dem schönen Schein unmittelbar namenloses Grauen lauert.

Sodann kann die Natur auf etwas verweisen, das sie nicht ist und das nicht aus ihrem Stoff, sondern von ihr ganz verschieden ist, nicht *in* ihr, aber *an* ihr ist: auf das Wirkliche als das ungreifliche Nicht von ihr. Die Natur wird dann magisch. Aber dieses Magische ist nicht zu verwechseln mit jener Fremdheit und jenem Grauen, wovon eben gesprochen wurde, die in der Natur selbst sind, wesentlich zu ihrem Urstoff gehören.

Im ersten Fall wird die Natur gesehen und empfunden als „Materie" im besten und tiefsten Sinn des Wortes. Sie hat den Menschen aus sich hervorgebracht und ist sein „Mutterschoß", aber doch etwas Niedrigeres als er, der sich aus ihr als dem Unbewußten durch sich selbst zur Helle des Bewußtseins emporentwickelt und durch eigene Kraft über sie erhoben hat: sie ist sozusagen das zwar notwendige, aber untermenschliche Substrat seiner menschlichen Existenz. Im zweiten Fall wird sie als Platzhalter des ihn gänzlich übersteigenden Wirklichen erfahren, als das, was an das Wirkliche bringt und zu ihm übersetzt.

Zwei sehr verschiedene „Funktionen" der Natur, die als solche nichts miteinander zu tun haben, die man aber meistens nicht richtig auseinanderhält. Die eine Seite und Auffassung der Natur führt unter anderm zur modernen Wissenschaft und Technik, die andere zur Mystik und Religion.

Beide Aspekte der Natur sind zwar sehr verschieden, schließen einander jedoch keineswegs aus. Nur ist das Unheilvolle, daß die Platzhalterschaft der Natur aufhört, sobald die Natur nicht mehr ungestört bei sich selbst ist, der Mensch sie überwiegend oder sogar lediglich als Materie, nun im banalen Wortsinn betrachtet, als Stoff zur Bearbeitung, als Objekt der technisch betriebenen Naturwissenschaft und der aus ihr resultierenden technischen Beherrschung und Nutzung der Natur. Übrigens muß, wenn die magische Verweisungsmacht der Natur wirksam werden soll, die Natur nicht nur unberührt und ungestört sein, sondern man selbst muß ihr auch unmittelbar ausgesetzt sein ohne künstliche Geräte und Gehäuse. Darum könnte zum Beispiel ein Mondaufenthalt in dieser Hinsicht nichts bringen.

Man beginnt heute und schon seit einiger Zeit auch jenseits aller rationalen Erwägungen, meine ich, zu ahnen, was es bedeutet, daß das Netz der technischen Apparaturen immer dichter wird und bald den letzten Fleck unseres Erdballs mit einbegriffen haben wird oder vielmehr es schon getan hat - ein irreversibler Vorgang - und sucht dem entgegenzuwirken und sozusagen zu retten, was noch zu retten ist, durch die Einrichtung von Nationalparks. In den Vereinigten Staaten von Amerika ist man in dieser Hinsicht ganz radikal: der Besucher eines solchen Parks darf nicht einmal einen Stein, der am Weg liegt, aufheben und versetzen, geschweige denn, ihn in die Tasche stecken und mit sich nehmen! Aber auch die peinlich strenge Einhaltung solcher Gebote kann nicht schon lehren, die Natur rein als solche wahrzunehmen; denn damit, daß ein Gebiet zum Naturschutzpark erklärt wird, ist es bereits zum Objekt menschlicher Nutznießung geworden, überdies auch meist schon nationaler Propaganda. („Naturschutzpark" scheint überhaupt eine fragwürdige Wortbildung. Es müßte vielmehr heißen „Menschenschutzpark". Man will nicht die Natur um ihrer selbst willen schützen, selbst da nicht, wo die Parks noch für den Tourismus geschlossen sind, sondern den Menschen vor der von ihm in Gang gesetzten Zerstörung der Natur, also eigentlich den Menschen vor sich selbst.)

Ich komme nun zu der zweiten Frage: Wie wird das Wirkliche als das Nicht der Welt erfahren?

Das Nicht der Welt ist als das schlechthin Unbegreifliche und als das Nichtendliche das, was in keiner Weise von mir ist. Das bedeutet: es kann mich nur erreichen und treffen, wenn ich in dem Augenblick, wo es mich anrührt, in keiner Weise tätig bin.

Man kann sich das auch durch folgende Überlegung klar machen: Alles welthafte Erfahren ist ein tätiges Ergreifen des Gegenstandes, ist stets, wie Kant es in seinen transzendentalphilosophischen Erörterungen gezeigt hat, Rezeptivität und Spontaneität zugleich. Nicht so das Erfahren des Nichtwelthaften. Man kann darum aber nicht etwa sagen, es sei bloße Rezeptivität ohne Spontaneität. Die gibt es überhaupt nicht. Sondern man muß erkennen, daß diese Kategorien hier nicht anwendbar sind, die Erfahrung des Nichtwelthaften als des Nichtichhaften von gänzlich anderer Form sein muß.

Das Nicht der Welt als das Wirkliche wird erfahren, indem ich alle Tätigkeit aussetze.

Bekanntlich haben schon die Griechen die Muße als Grundbedingung jedes Philosophierens aufgewiesen. Philosophie kann erst und nur dann entstehen, wenn die unmittelbaren Lebensbedürfnisse befriedigt und kein unmittelbarer Lebensandrang ist. Indessen Aussetzen aller Tätigkeit ist mehr und anderes als Muße. Man vermag es nur für Augenblicke, so wie man auch nur für Augenblicke den Atem aussetzen kann: es erfordert gleichsam ein Anhalten des natürlichen Lebenstriebs. Das ist schwer. Aussetzen aller Tätigkeit ist zwar selber keine Tätigkeit - wo es das ist, setzt man die Tätigkeit nur zum Schein aus -, muß aber dennoch geübt werden. Üben in dem wesentlichen Sinn genommen, wie wir es hier tun, heißt: immer wieder auf dasselbe zurückkommen.

Aussetzen aller Tätigkeit bedeutet also keinen Quietismus, keine Passivität, keine Indolenz; es ist vielmehr Handlung im eminenten und prägnanten Sinn: denn durch nichts wird die bestehende Situation in so gänzlicher Weise geändert wie hierdurch.

Daraus folgt: Es gibt keine Tätigkeit, die einen höheren Wert hätte. Das muß gesagt werden, klar und eindeutig, wenn sich auch im natürlichen Menschen und noch mehr im modernen Menschen, also in uns selbst, alles gegen eine These wie diese zunächst sträubt. Denn wir kennen das Handeln meist nur noch als Agieren und Reagieren, wie es das Getriebe des modernen Lebens fortwährend fordert, wenn einer nicht unter die Räder kommen und überfahren werden will, und auch die autofreien Fußgängerzonen, welche neuerdings überall die großen Städte in ihren Zentren einrichten, können daran kaum etwas ändern. Wer agiert und reagiert und eigentlich nur noch das letzte tut, ist allerdings bloß ein „Produkt seiner Umwelt": denn auch wenn er seine Umwelt ändern will, ist er von ihr bestimmt, nämlich von ihrem betreffenden Zustand, den er in einen andern überführen will und von seinem durch diesen Weltzustand erregten Begehren und hervorgerufenen Wollen, ist also unfrei. Man agiert, um etwas in der Welt zu erreichen; man reagiert, um Angriffen aus ihr zu begegnen. Handeln im eminenten Sinn ist aber weder das eine noch das andere, sondern Sichablösen von der Welt.

Weltablösung bedeutet nicht Resignation. Diese ist, daß man es aufgibt zu handeln. Handeln kann man aber nur, wenn man bis zu dem Punkt seines Wesens zurückgelangt, aus dem man ganz frei ist, der auch der Quellpunkt aller metaphysischen Urüberzeugung ist. Dazu bedarf es aber der Stille, also des Wegrückens der Welt. Nur so kann man die falschen Aktionen und Reaktionen erkennen, aus denen gewöhnlich unser ganzes Tun, inneres wie äußeres, besteht. Sie erkennen ist aber bereits: sie überwinden.

Weltablösung in diesem Sinn meint nicht etwa ohne Weltverhältnis sein: das kann man als Mensch nie, und es wäre überdies eine törichte Forderung; wohl aber meint es: sein Weltverhältnis solange klären, bis da nichts Welthaftes mehr ist, das einen bindet.

Handeln im eminenten Sinn ist daher stets hochmoralisch. Denn „moralisch" heißt, daß einen etwas unbedingt verpflichtet. Da alles Weltliche bedingt ist, kann solche Verpflichtung nur von Nichtweltlichem ausgehen. Das Hochmoralische indessen verpflichtet derart unbedingt, daß man es auch nicht etwa als einen Wert erkennt, sondern seiner Forderung zwar nicht blind, aber reflexionslos nachkommt.

Welt und Wirklichkeit: Wir sind bisher methodisch so vorgegangen, daß wir beide Grundbegriffe als philosophische einfach als gegeben hingenommen und mit ihnen gleichsam naiv operiert haben. Diese Naivität ist nun in dem letzten Teil des Vortrags in Frage zu stellen. Freilich nicht in dem Sinn, daß wir zweifeln, ob diese Termini nicht überhaupt bedeutungs- und inhaltlos seien, bloße Trugwörter. Daß dies weit unkritischer wäre als das erste, haben, so hoffe ich doch, meine Ausführungen an ihrem Teil zur Darlegung gebracht - und ich wundere mich oft, daß moderne Kritiker der Philosophie nicht kritischer gegen ihr eigenes kritisches Bewußtsein sind. Oft gleichen sie nur jenem Manne, der ein Schild durch die Straßen New Yorks trug, auf das er in großen Lettern geschrieben hatte: „Weg mit allen Schildern!" Wohl aber haben wir jetzt dem Drängen und der Unruhe des philosophischen Triebs in uns und der rätselhaften Tiefe metaphysischen Denkens ganz Raum zu geben mit einer Frage, durch die alle bisher aufgestellten Sätze eine umgreifende Wandlung erfahren, nicht mehr unmittelbare Aussagen bleiben, sondern zu dergleichen wie „Hypothesen" im platonischen Sinn werden, nämlich zu „Sprungbrettern" zu etwas Anderm hin. Diese Frage, durch die, wenn es gelingt, sich ihr zu stellen, wir zu einer geistigen Verfassung gelangen, die von der früheren ganz verschieden ist, lautet: Wo stehen wir selbst denn eigentlich, die wir von Welt und Wirklichkeit reden?

So sprechen können setzt voraus, daß man sich von beidem distanzieren, in irgendeiner Weise außerhalb davon stellen kann. Daß man es von der Welt kann - das mag vielleicht in vereinzelten außerordentlichen Augenblicken, in denen man sich gleichsam über die Welt und das Leben hinausschwingt, noch möglich sein; aber wie soll man sich von der Wirklichkeit distanzieren können, die doch jeden Abstand immer wieder übergreift und in sich selbst hinein- und zurücknimmt? Ferner: das Wörtchen „und" verknüpft als Konjunktion beide. Solche Verknüpfung setzt aber voraus, daß es etwas Welt und Wirklichkeit abermals Umfassendes gibt, gleichsam eine „Metawirklichkeit" und einen „Metaraum", worin sie sind. Es macht mir persönlich immer ein boshaftes Vergnügen zu sehen, wie leicht und unbekümmert wissenschaftstheoretisches Reflektieren der Gegenwart, das sich nicht wenig auf seine fortschrittliche geistige Haltung zugute tut und meint, alle Metaphysik längst hinter sich gelassen zu haben, „hinterfragt" und mit Wortbildungen mit Meta operiert wie etwa: Metakritik, Metatheorie, Metapsychologie. Sogar auf Metaphilosophie bin ich gestoßen. Aber daß es keine Welt hinter der Welt und keine Theorie hinter der Theorie gibt - damit endet nicht etwa, sondern damit, daß man sich dies klarmacht, und nicht nur gründlich klarmacht, sondern es mit allen Fasern seines Verstandes erfährt, beginnt allererst philosophisches Denken.

Mit der Frage: wo stehen denn eigentlich wir, die wir über Welt und Wirklichkeit nachdenken und sprechen, als sei im Grunde gar nichts sehr Besonderes dabei, kommen wir ins Bodenlose und vielleicht für Augenblicke so weit, daß wir uns nicht mehr auf den Boden einer vermeintlichen Metawirklichkeit stellen, was wir allerdings natürlicherweise tun und tun müssen, um als geistig-endliche Wesen überhaupt existieren zu können. Denn das Medium unseres intellektuellen Alltags ist die Befangenheit und Gebanntheit in der Realitätsillusion der Weltbanalität. Wir sind metaphysisch gesehen zur Lüge verdammt. Nicht nur, daß wir erlügen, was nicht ist; schlimmer noch, daß wir gewöhnlich weglügen müssen, was eigentlich ist: das Wirkliche.

Wir geraten ins Bodenlose oder vielmehr: das Bodenlose und damit, weil es ohne Boden nicht sein kann, das metaphysisch Vordergründige, Trügerische und Scheinhafte alles menschlich-endlichen Denkens, also des Denkens überhaupt wird offenbar. Denn diese Endlichkeit liegt ja nicht etwa an der mangelnden Ausdehnung oder Ausbildung unseres Intellekts, sondern an der inneren Form des Denkens als solchen. Sie läßt sich nur erfahren, indem man denkt, sein Denken betätigt, aber ohne daß sich diese Erfahrung selbst wieder denken und aussprechen oder verlautbaren ließe, weder direkt noch indirekt. Wittgenstein schließt seinen Tractatus Logico-Philosophicus mit einer These von großer suggestiver Strahlkraft, die Schule gemacht hat: „Wovon man nicht sprechen kann, darüber muß man schweigen." Aber worüber man absolut schweigen muß, davon kann man auch nicht sagen, daß man darüber schweigen muß; man kann nur durch sein Sprechen zeigen, daß man es muß.

Die metaphysische Unruhe, die nichtendlich ist, kann durch Denken, das in sich endlich ist, nicht weggebracht oder befriedigt werden. Sie ist nur befriedigt, wenn man am Wirklichen ist. Dann denkt und spricht man aber nicht mehr. An etwas sein heißt weder darin noch davon ab sein, was beides beim Wirklichen nicht möglich ist. Aber man gelangt nicht an das Wirkliche, ohne zuvor gesprochen und gedacht zu haben. Am Wirklichen sein ist nicht etwas Zeitliches, und das heißt: ist von der Zeit her gesehen etwas Augenblickhaftes. Der Augenblick dauert nicht, weder kurz noch lang.

Die metaphysische Unruhe - was ist sie selbst? Nichts anderes als das unendlich Angreifende und Anspannende des unfaßlichen Zugs der Wirklichkeit, genauer: gewöhnlich das Fehls dieses Zugs, in besonderen Augenblicken und Stunden dieses Zugs selbst. Unendlich angreifend das Sein, unendlich anspannend das Tun dessen, der sich ihm aussetzt.

Das Weltleben, das man natürlicher- und normalerweise führt, führen muß, wird nur dadurch möglich, daß man sich über diese nagende Unruhe hinwegsetzt und das heißt entweder metaphysisch resigniert oder sich auf Schein schlägt. Die Kehrseite davon pflegt eine gesteigerte Aktivität zu sein, die sich selbst verzehrt. Gibt man dagegen dieser Unruhe und ihrer unendlichen Forderung Raum, so kann es geschehen, daß ein unglaublicher Umschlag oder Umschwung eintritt, der in keiner Weise von einem selbst herrührt, nicht von einem machbar und herbeiführbar ist und eben darum im strengsten Sinn unglaublich scheinen muß: daß man nicht mehr Eigenstoff bildet und Welt setzt und sich auf Eigenes stützt, sondern Wirklichkeit einen überkommt und zu sich herübernimmt, in wörtlichem Sinn einen annimmt.

Geschieht das, so geschieht auch der Umschlag, daß man das Ins-Bodenlose-Geraten nicht mehr als etwas Schlimmes und „Negatives" erfährt, sondern als *die* innere Befreiung und Lösung, auf die es ankommt. Denn man erkennt, daß es einen Boden welcher Art auch immer gar nicht gibt und geben kann. Erkennt man es wirklich, so kann man sich nun etwa auch nicht auf den Boden der Erkenntnis stellen, daß es keinen Boden gibt, sondern man wird gewahr, daß das Sichniederlassen auf einem letzten Boden zwar für ein geistig-ichhaftes Wesen notwendig ist zur Selbstbehauptung in der Welt, es aber diese Notwendigkeit noch wieder in einem letzten und einmaligen Sinn in Freiheit verwandeln kann.

Kant sagt in der „transzendentalen Dialektik" seiner „Kritik der reinen Vernunft" vom „transzendentalen Schein", daß er eine Illusion sei, die unvermeidlich ist. Transzendentale Kritik könne diesen Schein zwar aufdecken und damit verhindern, daß man durch ihn betrogen werde, aber sie könne ihn nicht zum Verschwinden bringen. So wie der ins Wasser gehaltene gerade Stab mir auch dann geknickt erscheint, wenn ich erkenne, daß dies nur eine Folge der Lichtbrechung ist; aber erkenne ich es, werde ich durch diesen Schein nicht mehr getäuscht.

Bei dem Schein eines letzten Bodens, des Bodens des Begreiflichen, von dem aus auch Kant argumentiert und argumentieren muß, sofern er eine metaphysische Position bezieht und seinen Stand in dem denkenden Ich nimmt und ein philosophisches System entwickelt als ein rationales Lehrgebäude, ist es noch heikler. Der Schein bleibt nicht nur bestehen, nachdem ich ihn erkannt habe, sondern ich muß mich auch weiterhin von ihm betrügen lassen, wenn ich in der endlichen Welt als geistig-ichhaftes Wesen mich behaupten will. In dem Bild: ich muß auch weiterhin wider besseres Wissen glauben, der Stab sei geknickt. Erst indem ich das erkenne und tue, gelange ich an das Wirkliche und damit zu einer Freiheit, die nicht bloß endliche Illusion ist.

Bis zu ihr hin, aber nicht weiter kann das philosophische Denken, das Weltdenken ist, führen. Jenseits davon ist nicht mehr Philosophie, ist nicht mehr Geist, ist nicht mehr Gemeinsamkeit, nicht mehr Bewußtheit, nicht mehr Sicherheit. - Dafür aber Tiefe der Wirklichkeit, die unergründlich ist und unergründlich zieht und birgt...

Was ist in diesem Vortrag gesagt? Ich meine immer, wenn in einem Vortrag überhaupt etwas gesagt ist, muß es sich auch in einem Satz aussprechen lassen. Gesagt ist: Welt und Wirklichkeit haben nichts miteinander zu tun. -Aber gar nichts miteinander zu tun zu haben - das ist eine merkwürdige Sache.

Womit ich gar nichts zu tun habe - das nehme ich nicht an, ich lehne es auch nicht ab, ich bin dagegen auch nicht gleichgültig. Denn mit jedem solchen Verhalten setze ich Beziehung.

Aber gänzliche Beziehungslosigkeit ist unbegreiflich. Unbegreiflichkeit ist Wirklichkeit. Mache ich damit ernst, daß ich mit etwas gar nichts zu tun habe, so rückt das Betreffende für mich ins Unbegreifliche und das heißt im schärfsten Sinn ins Wirkliche. Mache ich also mit dem metaphysischen Schein der Welt ernst, so fällt die Welt darum nicht etwa weg, sondern rückt allererst ins Wirkliche.

Die Welt und die Weltdinge werden auf eine andere, ganz neue Weise wirklich: nicht gegenständlich, nicht funktionell, nicht im Sinne einer platten Dieseitsgläubigkeit, sondern in einer Weise, die unerhört mehr und weniger ist.

Es scheint für das Weltalter, in dem wir uns befinden, an der Zeit, daß ihm die Welt und Zeit auf solche Weise wirklich wird, will es weiter bestehen.

West-östliche Mystik und das Problem absoluter Transzendenz

Die Ausdrücke und Begriffe, die das Thema meines Vortrags bilden, sind konventionell, abstrakt, von Tradition belastet, künstlich und weltfern, kurz: unausstehlich und zum Davonlaufen. Sie sind aber gekommen, und ich möchte versuchen, für ein Problem Verständnis zu wecken, das mir von weittragender Bedeutung und auch von Aktualität zu sein scheint.

Die Sache ist dabei ebenso einfach wie schwierig und verwickelt. Es kann nicht anders sein, wenn es stimmen soll. Sie ist nicht konventionell, nicht nur in dem Sinn, daß sie der herrschenden Konvention nicht entspricht, sondern daß sie mit konventionellen Sprach- und Denkmitteln gar nicht zu fassen ist.

Doch wir müssen vom Konventionellen ausgehen, wenn wir uns verständlich machen wollen, und die Aufgabe ist, von diesem zu jenem zu gelangen, was inkonventionell ist. Dazu bedarf es einer gewissen inneren Bereitschaft. Das Inkonventionelle ist zwar wesensmäßig gleichgültig gegen die Konvention, nicht aber gilt das Umgekehrte. Gegen das, was uns fremd erscheint und was außer dem Umkreis des uns Vertrauten liegt, sträuben wir uns entschieden. Die Schwierigkeiten werden in diesem Fall noch dadurch erhöht, daß sie nicht so sehr beim verstandesmäßigen Erfassen liegen, wie beim Überwinden fundamentaler innerer Tendenzen, welche unser Zeitalter kennzeichnen. Ich werde die Stellen in meinem Vortrag kennzeichnen, wo dieses elementare Widerstreben besonders groß wird.

Für jedes Denken gilt, daß es nicht nur intellektuelle Fähigkeiten, sondern auch moralische Qualitäten erfordert. Für ein Denken, das der Mystik zugehört, sind die letzten in einem ganz spezifischen Sinn erforderlich, wie später zu zeigen sein wird.

Es ist konventionell, wenn wir von „west-östliche Mystik" sprechen. Ein bekanntes Buch von Rudolf Otto trägt diesen Titel, wobei sich der Ausdruck west-östlich wohl von Goethe, seinem „West-östlichen Divan" her, literarisch eingebürgert hat. Gewiß müßte es eher heißen Ostwestlich, nur daß uns das zu fremd klingt. Denn die Mystik scheint aus dem Osten herkünftig und dem Asiaten näher zu liegen als dem Europäer. Im Griechentum war sie nach einem bekannten Wort Erwin Rohdes ein Tropfen fremden Bluts und ist es für den westlichen Menschen auch immer geblieben. Doch ist die Einteilung und Entgegensetzung von Ost und West allzu vereinfacht und schablonenhaft, eine Gegensetzung, die für manche auf dem politischen Gebiet, und nicht nur auf diesem, fast der von Gut und Böse gleichkommt.

Bekanntlich hat sich der Westen erst spät, seit dem vorigen Jahrhundert, ernsthaft mit östlichem Denken und östlicher Kultur befaßt. Heute, wo durch die modernen Kommunikations- und Verkehrsmittel die Menschheit längst zu einer Einheit geworden ist, können wir nicht mehr davon absehen und uns gleichsam unwissend stellen, und die moderne Wissenschaft gibt uns überdies die Mittel in die Hand, auch wenn wir nicht Spezialisten sind, bei solcher Befassung die nötige Gründlichkeit und Sorgfalt walten zu lassen.

Dabei geht es hier nicht darum, den Osten gegen den Westen auszuspielen oder umgekehrt, sondern sozusagen „jenseits von Gut und Böse" zu gelangen, zu dem, was wir - wiederum konventionell - mit absoluter Transzendenz bezeichnen. - Die beiden Bestandteile dieses Ausdrucks entstammen dem Neulateinischen. Wir verwenden sie nur heuristisch. Ins Deutsche wäre etwa zu übertragen: schlechthinniger Überstieg. - Auch ist klar, was dabei überstiegen werden soll: „Transzendenz" bezieht sich von jeher auf die Welt; Welt ist dabei verstanden in dem Sinn von Inbegriff von allem überhaupt.

Von absoluter Transzendenz ist nur zu sprechen im Hinblick auf und in der Unterscheidung von relativer Transzendenz. Dabei soll dies hier in folgender Weise genommen werden. Unter relativer Transzendenz ist zu verstehen die Überschreitung der Welt auf ihren Grund hin. Solches Überschreiten geschieht in allem philosophischen Denken, ja, es ist dessen Wesen. Philosophie ist von ihrem Ursprung, von Platon und Aristoteles her und weiter zurück, von den Griechen her „Wissenschaft von den ersten Gründen". Philosophisches Denken ist daher wesensmäßig im weitesten Sinn des Wortes metaphysisch. Auch das transzendentale und kritische Denken von Kant ist es.

Alles solches Denken überschreitet die Welt, aber nicht, um sie zu verlassen, sondern vielmehr, um sie erst recht eigentlich aus ihrem Grunde zu ergreifen. Alles Überschreiten der Welt im philosophischen Denken bleibt, wie es in der Dimension des Grundes geschieht, auf diese bezogen. Das ist die Größe, aber auch die - sehr bestimmte -Grenze philosophischer Reflexion.

Absolute Transzendenz dagegen meint ein Überschreiten der Welt, das diese verläßt und nicht wieder zu ihr zurückkehrt. Mystik im spezifischen Sinn hat es nur hiermit zu tun, wie Philosophie nur mit relativer Transzendenz. Die Unterscheidung zwischen relativer und absoluter Transzendenz gibt so ein sehr genaues Merkmal ab für die Differenz von Philosophie und Mystik.

Dabei ist eine entscheidende Einsicht - sie ist das eigentliche Thema meines Vortrags -, daß absolute Transzendenz gegenüber relativer nicht lediglich nur gesteigert, sondern andersartig ist. Denn bei absoluter Transzendenz wird nicht nur die Welt, sondern auch der Weltgrund überstiegen.

Hier ist ein Punkt, wo sich der Widerstand meldet, etwas, ja alles in uns sich dagegen sträubt. Wozu das? Was soll das? Ist Derartiges überhaupt zu denken?

Ist es zu denken? Ja und Nein. Es ist denknotwendig, aber nicht denkbar. - Es ist denknotwendig, sofern mein Denken nirgendwo stehen bleiben kann, sondern kraft seines Wesens und des Wesens von Geistigkeit überhaupt genötigt ist, wenn es etwas denkt, zugleich an das - ausdrücklich oder unausdrücklich - zu denken, was das, das es denkt, nicht ist. Denke ich an die Welt und ihren Grund, muß ich auch an das denken, was diese nicht sind, muß mitdenken, was schlechthin anders ist als dies. Es ist nicht denkbar, sofern schlechthinnige Anderheit nicht denkbar ist. Denn Denken ist Beziehung setzen. Der Gedanke schlechthinniger Anderheit hebt aber gerade alle Beziehung auf.

Das scheint paradox und ärgerlich. Aber daraus, daß etwas dem Denken nicht zugänglich, logisch nicht faßbar ist, folgt noch keineswegs, daß es das nicht gibt. Wenn ich etwas gänzlich verlasse, das heißt, mich in keiner Weise darauf zurückbeziehe, so ist das nur auszuführen und zu tun: zu denken ist es nicht. Beispiel vor allen Beispielen: Wenn ich mich selbst gänzlich verlasse, so ist das nicht begreifbar und denkbar.

Das Absolute in dem Sinn, wie hier von absoluter Transzendenz gesprochen wird, hat daher nichts mit dem „Absoluten" des spekulativen deutschen Idealismus zu tun. Wie sehr dieser den Gedanken des Absoluten steigert und wie umfänglich er ihn auch faßt, als das den Subjekt-Objekt-Bezug, Identität und Differenz noch Umgreifende, Identität von Identität und Differenz oder wie auch immer: er bleibt dabei wesensmäßig im Bereich des logischen und dialektischen Denkens. Denn er bleibt und ist Philosophie, nicht Mystik: er bleibt auf die Welt bezogen. - Nietzsche läßt in dem „trunkenen Lied" seinen Zarathustra sagen: „Die Welt ist tief ..."; aber absolute Transzendenz ist keine Welttiefe.

Was den Ausdruck Mystik betrifft, der sich als fester Terminus eingebürgert hat, so ist er von einer gewissen Strahlkraft, aber auch mit viel Mißlichem behaftet, wie es bei allen solchen Wörtern zu sein pflegt. Schon in seiner einfachen sprachlichen Deutung ist er umstritten, und es sei darauf verzichtet, den zahllosen, mehr oder weniger tiefsinnigen Erklärungen des Namens eine weitere hinzuzufügen. Damit ist kaum etwas gewonnen. Wohl aber läßt sich sagen, daß es gewisse Texte gibt, wie etwa die Schriften von Plotin oder die Predigten von Eckhart und Tauler, die eindeutig mystischer Artung sind, und zwar in der Weise, daß sie sich von solchen, die es nicht sind, nicht nur als ganze, sondern in jedem Satz und Wort unterscheiden. Man erkennt sie, sofern man ein Organ dafür hat, unmittelbar. Sie sind Anzeige ihrer selbst, und eben darum läßt sich von außen, durch anderes keine Bestimmung dafür geben.

Dabei hat Mystik in der allgemeinen Schätzung der Ernsthaften den Charakter eines Ferments, das sich in gewissem Maß als fruchtbar für das philosophische Denken ebenso wie für das religiöse erweist, darüber hinaus aber als zersetzend und ungut angesehen und empfunden wird. Und zwar deshalb, weil alle Philosophie und auch jede Bekenntnisreligion es mit der Welt zu tun hat, Mystik aber ihrer innersten Intention nach auf ein Verlassen der

Welt ohne jede Rückkehr zielt. Dem setzt die Welt äußersten Widerstand entgegen. - Dies scheint mir einer der tiefen Gründe, warum die Kirche seinerzeit Meister Eckhart den Prozeß gemacht hat und machen mußte und warum Plotin trotz immensen Einflusses und vielfacher gelehrter Befassung mit ihm der klassischen Philologie und Philosophie ein Fremder geblieben ist.

Philosophie ist „Weltweisheit", Religion ist als Bekenntnisreligion „Weltreligion", aber „Weltmystik" gibt es nicht. Mystik hat es vielmehr mit dem zu tun, was nicht Welt ist.

Damit hängt ein zweites zusammen. Wir sind gewohnt, wenn wir etwas erreichen wollen, daß wir uns darum bemühen müssen. Ja, uns ist dies als Gliedern der modernen Industriegesellschaft so in Fleisch und Blut übergegangen, daß wir etwas anderes gar nicht mehr kennen und uns denken können.

Nun ist aber klar: Was ich durch mein Bemühen erreiche und was durch das Bemühen aller zusammen erreicht wird, kann immer nur etwas Relatives und Endlich-Begrenztes sein. Im Bereich absoluter Transzendenz kommt also ein solches Verhalten nicht in Betracht. Vielmehr muß ich mich zunächst und zuerst ganz von der Vormeinung frei machen, daß ich hier irgend etwas von mir aus tun könnte. Das ist nicht leicht. Ja, es erfordert den langwierigen Prozeß einer vollständigen inneren Umorientierung, und nirgends gibt es so viel Selbsttäuschung und Selbstbetrug wie hier.

Ferner: Unser Zeitalter ist gekennzeichnet durch den Zug zu rastloser Vergegenwärtigung von allem und jedem, in deren Dienst in hohem Maße die Mittel der modernen Technik stehen. Absolute Transzendenz läßt sich aber nicht vergegenwärtigen. Versuche ich es durch Denken, durch Willensanspannung oder durch was auch immer, komme ich vielmehr davon ab, und je mehr ich mich anstrenge, umso weiter. Sie muß sich vielmehr mir gegenwärtig machen. Aber dieses Gegenwärtigmachen ist ganz anderer Art als das von uns: es geschieht durch bloße Selbstbekundung und Selbstbezeugung. Irgendwelche Aufnahme und Entgegennahme durch Organe gibt es dabei nicht. Wiederum darf ich entgegen meinem natürlichen Drang das sich derart Bekundende nun nicht ergreifen und festhalten wollen, auch nicht sprachlich. Versuche ich es, entgeht es mir abermals. Vielmehr muß ich mich meinerseits völlig still verhalten. Das bedeutet keinen „Quietismus". Das, worauf es ankommt, muß ich dabei tun, kein anderer kann es für mich tun, aber ich muß es tun, ohne es zu tun, nämlich mit meinen Kräften und Vermögen. Eine Erlösung aus eigener Kraft ist schon darum für die Mystik ein Nonsens ebenso wie die durch eine fremde Kraft.

Diese innere Umorientierung, die wohl niemandem so schwer fällt und so fern liegt wie dem heutigen Menschen, ist nicht schon „Meditation", aber die unerläßliche Voraussetzung dafür. Man möge daran ermessen, was das im allgemeinen wert ist, was heute unter diesem anspruchsvollen Titel angeboten wird. - Die Verkehrung und Entleerung des Terminus ist vielleicht eingeleitet durch Descartes. Jedenfalls scheint es wie eine Ironie, wenn er derjenigen Schrift den Titel „Meditationes" gab, die das moderne europäische Selbstbewußtsein und damit eine Haltung darstellt und begründet, die Meditation in dem erörterten Sinn ein für allemal ausschließt.

Ich möchte nun im Hinblick auf absolute Transzendenz in dem dargelegten Sinn über einige Grundlehren des älteren Buddhismus sprechen, danach Zeugnisse westlicher Mystik hinzuziehen, wobei für die nichtchristliche hauptsächlich Plotin, für die christliche Dionysius Areopagita und Meister Eckhart in Betracht kommen. Es ist damit klar, daß aus einem riesenhaften Gebiet nur einiges Wenige und auch dies nur sehr verkürzt zur Sprache gebracht werden kann. Zudem ist es eine Einseitigkeit meiner Darlegung, daß ich den Taoismus und das fundamentale mystische Problem der Naturbeziehung - wohl zu unterscheiden von dem technischen der Umweltschädigung - hier ganz auslassen muß.

Daß der ältere Buddhismus - Buddhismus ist übrigens keine genuine, sondern eine in Europa aufgekommene Bezeichnung -, der Hinayana-Buddhismus also - der jüngere, der Mahayana-Buddhismus kommt für unsere Problematik nur im Kontrast in Betracht - etwas Einmaliges innerhalb der Geistesgeschichte der Menschheit darstellt,

ist häufig hervorgehoben und scheint umso eindrucksvoller und bemerkenswerter, als die religionsgeschichtliche Forschung zunehmend erkannt hat, daß anderseits der ältere Buddhismus in vieler Hinsicht durchaus nichts Originäres gegenüber andern religiösen Richtungen der damaligen Zeit wie etwa dem Jinismus bietet. Ich möchte nun drei Grundgedanken des älteren Buddhismus erörtern, nämlich:
1. Die Lehre vom Nicht-Ich (Anatta)
2. Die Abweisung jeglicher metaphysischer Aussagen und Urteile
3. Der Begriff des Nirvana

Dabei gilt es zu sehen, wie alle drei Gedanken in einem notwendigen inneren Zusammenhang stehen. Einer verlangt den andern. Keiner kann verändert werden, ohne daß nicht auch die andern geändert würden. Innerhalb der Darlegung des Vortrags handelt es sich zugleich um drei Gedankenschritte, die drei Stufen der Betrachtung sind.

Man könnte sich fragen, wie weit der Buddhismus überhaupt etwas mit Mystik zu tun hat. Innerhalb der westlichen Welt ist darüber gestritten worden, als was er zu kennzeichnen sei. Einerseits scheint er eine - atheistische - Religion zu sein, anderseits so etwas wie eine pragmatische Ethik mit dem Ziel der Befreiung vom Leiden oder auch bei der extremen Bedeutung, die für ihn das Erkennen gewinnt, so etwas wie eine philosophische Religion. Aber keine dieser oder ähnlicher Kennzeichnungen trifft sein eigentliches Wesen. Das spürt man, sobald man sich näher auf die Texte des Pali-Kanons einläßt. Und keine solche Kennzeichnung kann es treffen, wenn stimmt, was unsere These ist, daß er in seiner inneren Mitte auf „absolute Transzendenz" zielt. Denn eben diese läßt sich nicht kategorial erfassen.

Davon abgesehen, wenn man nach Mystik im älteren Buddhismus fragt, so scheint am ehesten sein Gedanke des Nirvana dahin zu weisen. So schreibt etwa Walter R. Stace in „The Teachings of the Mystics ...": „... Nirvana is the only mystical element in Buddhism, all other elements being rationalistic and skeptical."[1] Doch, wenn es richtig ist, was wir von der inneren Geschlossenheit und dem notwendigen Zusammenhang jener drei Grundgedanken sagen, so müssen auch die andern beiden, also die Anatta-Lehre und die Abweisung metaphysischer Urteile durchaus mystischen Charakters sein.

Die Anatta-Lehre gilt von jeher als besonders charakteristisch für den Buddhismus. Manche sehen in ihr das, was dessen Sonderstellung innerhalb anderer philosophischer und religiöser Systeme der damaligen und früherer Zeit ausmacht, andere bestreiten es. Jedenfalls ist die Anatta-Lehre - und darin stimmen wohl alle überein - das, was den Buddhismus kennzeichnet, und zwar in einem solchen Maße, daß man, ohne sie gefaßt zu haben, keine Aussicht hat, den Buddhismus zu verstehen. Sie wird im Kanon von Buddha selbst als der schwer einzusehende und am meisten zu pflegende Teil seiner Lehre bezeichnet und ein so bedeutender moderner Kenner des Buddhismus wie Edward Conze meint: „Man braucht wahrscheinlich mehr als ein Leben, um ihr auf den Grund zu kommen."[2] Allgemein zielt sie auf die Illusion, daß es den gibt, für den ich mich nehme, wenn ich mich auf mich zurückbeziehe.

Wir haben es heute mit der Identität. Schlagwortartig könnte man die Anatta-Lehre auch kennzeichnen: Gewinnung der Identität durch Entidentifizierung, und zwar von allem und jedem. Was heißt das? In dem Begriff der Identität liegen vorzüglich die Momente der Einheit und Selbigkeit, aber sie machen keineswegs dessen Wesen aus. Sprachlich von lateinisch isdem oder idem herkünftig meint Identitas eigentlich Ebenderheit oder Ebendasheit. Die Identitätskarte weist ihren Träger als eben den aus, der er ist. Ich entidentifiziere mich von allem heißt: es gibt niemanden und nichts, wovon ich sagen kann, der oder das bin ich, auch nicht von mir selbst.

Der ältere Buddhismus hat das auf eine ebenso einfache wie unausdenkliche Formel gebracht, die im Kanon stereotyp wiederkehrt. Es wird nämlich immer wieder gezeigt, daß es nichts gibt, wovon man nicht zu sagen hätte, wenn man es recht auffaßt: „Das ist mir nicht zugehörig, das bin ich nicht, das ist nicht mein Ich."

Dazu eine berühmte Stelle aus einer Predigt, die zugleich Buddhas außerordentliche Fähigkeit zeigen möge, seine Lehre durch suggestive Gleichnisse zu verdeutlichen: „Was meint ihr: wenn in diesem Jetahain ein Mann Reisig und Blätter zusammenkehrt, verbrennt oder sonst etwas damit macht, würdet ihr dann denken: Uns kehrt er zusammen, uns verbrennt er, mit uns macht er sonst etwas?" - „Nein, Herr, denn das sind ja nicht wir, das gehört nicht uns." - „Ebenso gebt auf, was nicht euer ist! Das Aufgeben wird euch für lange Zeit zum Heil und Glück gereichen. Körperlichkeit, Empfindung, Wahrnehmung, unbewußte Tätigkeiten und Bewußtsein sind nicht euer; alles dies gebt auf! Das Aufgeben wird euch für lange Zeit zum Heil und Glück gereichen."3

Zu achten ist auf das „Wenn man es recht auffaßt ...". Hier zeigt sich die innere Geschlossenheit des älteren Buddhismus, der sich ausdrücklich nur an einen ganz bestimmten Personenkreis wendet. Kommt etwa jemand und sagt: Ich kann zwar nicht einen Reisighaufen als mein Ich ansehen, wohl aber meine Individualität, so betrachtet er es nicht richtig, und das heißt, ist nicht mit rechter Anschauung begabt. Mit ihm ist daher nicht weiter zu reden. Er muß erst gewisse sittliche Forderungen erfüllen, wie sie einen Teil des achtfachen Pfades bilden, um zur wahren Anschauung zu gelangen. Ist er auch dazu nicht bereit, muß man ihn gehen lassen.

Der Satz von der Ichlosigkeit der erscheinenden Welt meint also eigentlich: nichts in ihr ist ein Ich, weil nichts in ihr wert ist, mein Ich zu sein, oder besser: weil es nichts in ihr gibt, das mir Halt und Genüge bieten, worauf ich mich stützen könnte, mich selbst eingeschlossen. Mache ich etwas zu meinem Ich, wie es das natürliche Bewußtsein von sich aus tut, verfalle ich vielmehr der metaphysischen Illusion. Bin ich nicht bei voller innerer Präsenz, nicht achtsam auf mich, so identifiziere ich mich unwillkürlich womit. Achtsamkeit ist daher für den Buddhismus die erste aller Tugenden und Achtsamkeitsübungen nehmen in seinen Lehranweisungen einen breiten Raum ein.

Noch die Abwehr eines naheliegenden Mißverständnisses: Alles ist ohne Ich heißt nicht: Es gibt kein Ich. Beide Aussagen fallen nur zusammen für ein Denken, das sich im Umkreis von Alles und Nichts bewegt und darüber hinaus nicht zu gelangen vermag.

Wenn alles ohne Ich ist, gibt es kein „Sein", keine „Substanz", kein „Subjekt". Begriffe wie diese erweisen sich vielmehr als bloße Fiktionen meines Denkens und meiner Einbildungskraft. Einer Metaphysik, die etwas als Letztes setzt, um sich darauf zu stützen, ist so jeder Boden entzogen.

Damit erheben wir uns auf eine neue Stufe der Betrachtung. Bekanntlich hat Buddha es abgelehnt, auf Fragen zu antworten wie die, ob die Welt ewig oder nicht ewig, endlich oder nicht endlich ist, ob Seele und Körper dasselbe sind, ob es eine Existenz nach dem Tode gibt oder nicht, Fragen also, die bei uns etwa den Inhalt der speziellen Metyphysik der traditionellen Schulphilosophie ausmachen. Das haben ihm bereits Schüler und andere Mönche - berühmt sind in diesem Zusammenhang der Mönch Malunkyaputta und der Wanderasket Vacchagotta - zum Vorwurf gemacht, und Buddha hat darauf ausführlich geantwortet. Am bekanntesten ist das Gleichnis vom vergifteten Pfeil geworden. Jemand ist von einem solchen getroffen, ein tüchtiger Wundarzt wird geholt, der Betreffende weigert sich aber, sich den Pfeil herausziehen zu lassen, bevor er nicht weiß, wer ihn abgeschossen hat, was für ein Bogen es war, wie die Pfeilspitze beschaffen ist usw. usw. Bevor er dies alles erfahren hätte, würde er längst an der Wunde und Vergiftung gestorben sein. Ebenso, wenn jemand erst auf alle die genannten Fragen eine Antwort haben wollte, bevor er der Lehre Buddhas von der Erlösung vom Leiden folgt. - Das ist jedermann einleuchtend und zeigt wiederum Buddhas außerordentliche Befähigung zur Bildung suggestiver Gleichnisse. Dennoch hat dieses Gleichnis enge Grenzen, und vor allem ist zu beachten, daß Buddha sich mit seinen Reden stets genau auf die geistige Fassungskraft seiner Hörer einstellt.

Danach könnte es scheinen, die Gründe für seine Ablehnung metaphysischer Erörterungen seien, wie wir wohl heute sagen würden, pragmatische. Andere wieder meinen, sie seien positivistischer Art: metaphysische Aussagen wie diese sind sinnlos, oder sie seien agnostizistisch: ihre Beantwortung übersteigt unseren menschlichen Verstand. Aber das trifft kaum das, worum es hier geht.

Zu achten ist auf die sehr überlegte Form, wie Buddha diese Urteile ablehnt. Er sagt nicht: ich lehne sie ab, sondern etwa auf die Frage, ob die Welt endlich ist, antwortet er: ich sage nicht, daß die Welt endlich ist. Das wird weiter durchexerziert für alle logischen Möglichkeiten. Ich sage nicht, daß die Welt nicht endlich ist. Ich sage nicht, daß die Welt weder endlich noch nicht endlich ist. Ich sage nicht, daß die Welt sowohl endlich wie nicht endlich ist.

Wenn ich nämlich zu etwas gar keine Stellung nehme, kann ich das nicht aussagen, wohl aber kann ich es durch mein Sprechen zeigen. Das tut Buddha auf die dargestellte Weise. Gelehrten, die dies nicht verstanden haben, blieb es vorbehalten, aus ihnen vertrauten Verhaltensweisen heraus, die „Geschicklichkeit" (Frauwallner) zu bewundern, mit der Buddha solchen Fragen ausweiche.

Warum nimmt Buddha aber zu diesen Fragen keine Stellung? Einmal: er ist an ihnen nicht interessiert, nicht, weil er keinen Sinn für Metaphysik gehabt hätte, sondern weil sein Interesse nicht die Welt, sondern die Ablösung von ihr ist. Sodann - und hier kommen wir zu dem Kern der Sache -: es ist niemand da, der sie fällen könnte. Alles Urteilen ist ein Ich-urteile. Metaphysische Urteile sind illusionistisch, weil nach der Anatta-Lehre ihr Träger es ist. Sie entspringen dem Ichwahn und Eigendünkel, wie sie ihn vorzüglich nähren. Auch auf sie ist der Satz anzuwenden: „Das ist mir nicht zugehörig, das bin ich nicht, das ist nicht mein Ich." Gesamtanschauungen, auf die ich mich im Innersten stützen könnte, gibt es nicht.

Wenn in den älteren Texten gefragt wird: Ist die Welt endlich? Ist die Welt nicht endlich? Ist die Welt ewig? Ist die Welt nicht ewig? und beide Alternativen abgewiesen werden, drängt sich einem westlichen Leser die Parallele mit Kant und seinen kosmologischen Antinomien förmlich auf. Ebenso scheint die Anatta-Lehre eine gewisse Verwandtschaft mit Kants Unterscheidung von Erscheinung und Ding an sich zu haben, wonach ich mir selbst nur Erscheinung bin und was ich „an sich" sei, mir unbekannt ist und immer bleiben wird. Es ist in der Literatur häufig darauf hingewiesen worden. Indessen bestehen - abgesehen von der durch Ort und Zeit bedingten Differenz - tiefgreifende Unterschiede. Im besonderen bleibt für Kant das unangetastete Wissensfundament das Ich-denke. Es aufzugeben und zu verlassen lag außerhalb seines Gesichtskreises.

Vollends liegt der ältere Buddhismus außerhalb des Gesichtskreises von Heidegger. Dessen Philosophie - wegen der schrecklichen Konfusion, die hier allgemein herrscht, sei wenigstens ganz kurz darauf eingegangen - ist durchaus als Erzeugnis westlicher Denkungsart anzusehen mit einem guten Teil Eigenbrödelei. Diese muß nicht etwas Schlechtes sein. Vielleicht ist sie das Beste an seinem Denken. Für mich lag jedenfalls während eines vierzigjährigen mehr oder weniger nahen Umgangs und zahlloser Spaziergänge mit ihm darin der Zauber seiner Persönlichkeit. Heideggers Interesse ist die Welt - sonst nichts. Transzendenz in dem Sinn, wie sie hier intendiert wird, liegt ihm fern. Mit Mystik hat sein Denken genau so viel und so wenig zu tun wie der moderne japanische und westliche Zen-Buddhismus, und nur darum konnte es zwischen beiden zu einem „Gespräch" kommen. Wir wollen heute gern das Absolute loswerden. Die ganze Heideggersche Philosophie ist dadurch gekennzeichnet, und nur von daher ist legitime Kritik an ihr zu üben. Wenn etwa Heidegger seinen Vortrag „Die Frage nach der Technik" mit dem zwielichtigen Satz schließt: „Denn das Fragen ist die Frömmigkeit des Denkens", so ist das eine ganz und gar unmystische Aussage. Von der Mystik her gesehen müßte es vielmehr heißen: Das Fragen ist die Weltlichkeit des Denkens. Für sie wäre Frömmigkeit des Denkens, sich durch Denken des Fragens zu entschlagen. In diesem Sinn - und damit kommen wir nochmals auf Kant zurück - ist dessen Denken fromm. Denn wenn ich erkannt habe, daß ich wesentlich nichts erkennen kann, ist damit dem Fragen ein Ende gesetzt und die Bahn für anderes frei. Und man könnte auch sagen: Wenn Buddha auf die angeführten metaphysischen Fragen nicht antwortet, so ist das nicht so aufzufassen, wie es wohl zuweilen im älteren Buddhismus geschieht, daß er selbst die Antworten zwar gewußt, aber sie zu wissen für seine Jünger nicht für tunlich gehalten hätte, sondern weil er dazu hätte Darlegungen geben müssen, die zwar nicht denen der Kritik der reinen Vernunft gleich, aber nicht weniger schwierig und subtil gewesen wären als diese. Das schien ihm nicht nur - wie das Pfeil-Gleichnis zeigt - Zeitvergeudung, sondern vor allem hätte er bei seinen Hörern kaum die dazu nötige philosophische Begabung voraussetzen können. Er stellt sich aber in seinen Reden, wie schon bemerkt, immer genau auf deren Fassungskraft ein.

Das gilt im besonderen von dem Dritten, worüber nun noch zu sprechen ist, von dem Gedanken des Nirvana. -Wohl kaum einer ist im Westen so bekannt geworden, und jeder assoziiert etwa wie bei Chicago Unterwelt und Verbrechen bei Buddhismus sogleich Nirvana und möchte gern wissen, was denn nun eigentlich das Nirvana sei. Wörtern und Begriffen, die einmal heruntergebracht sind, ist nicht wieder aufzuhelfen. So dem Wort Nirvana bei uns nicht, mit dem wir weiterhin unwegbringbar die Vorstellung des Nichts verbinden. Dieses muß nicht notwendig schwarz sein; es kann auch als weiß vorgestellt werden. Thomas Mann notiert bei anhaltendem Schneewetter in Arosa am 3. März 1934: „Schnee-Nirwana". Schopenhauer bekennt zum Beschluß des ersten Bandes von „Die Welt als Wille und Vorstellung" mit Hinweis auf die „Buddhaisten", was „nach gänzlicher Aufhebung des Willens übrig bleibe" sei „allerdings Nichts", das wir, wie die Kinder das Finstere, fürchten und von dem wir jenen „finsteren Eindruck" zu „verscheuchen" hätten. Und Max Beckmann schreibt dazu in seinem Handexemplar am 15. Oktober 1934 in Berlin: „Ja, angenehm, ein sachlicher Mystiker. Ein Mann". Aber geraten wir damit nicht in die Nähe eines fatalen Heroismus, der zwar die moderne westliche Welt kennzeichnet, aber dem älteren Indertum und überhaupt alten Kulturen ganz fern liegen dürfte?

Nirvana ist im älteren Buddhismus nicht ein philosophisch-metaphysischer Terminus, sondern eher so etwas wie ein Losungswort von eigentümlich magischer Strahlkraft, an dem sich Gleichgesinnte, die einer bestimmten inneren Richtung folgen, erkennen. Die gelehrte Forschung greift in ihrer Verlegenheit wohl auch auf die Etymologie des Wortes zurück. Nirvanam, im Pali Nibbanam, bedeutet das Erlöschen, nämlich eines Feuers oder einer Flamme, welches Bild im Kanon häufig gebraucht wird. Aber für den alten Inder hört ein Feuer, wenn es erlischt, nicht überhaupt zu existieren auf - wie man es lange aus westlicher Denkungsart heraus gemeint hat -, sondern es tritt nur aus der Erscheinungswelt, ist nicht mehr faßbar.[4]

„Erlöschen" beim Nirvana-Gedanken meint also nicht schlechthin zu nichts werden - was überhaupt eine ebenso widersinnige wie banale Vorstellung ist -, sondern aus der Erscheinungswelt - im Falle des Paranirvana für immer - verschwunden sein.

Wenn solche Auffassung auch gewiß schon angemessener ist, so berührt sie doch nur die eine Seite der Sache, und das Hauptproblem ist damit nicht einmal gesichtet. Es könnte nämlich danach scheinen, daß der „Erlöschte" nunmehr anderswo in irgendeinem Jenseits oder Nirgend auf - uns unbegreifliche - Weise „ist". „Einst werd ich liegen im Nirgend, bei einem Engel irgend" (Paul Klee). Aber mit solchen Vorstellungen sind wir wieder bei einer Metaphysik und kommen aus dieser auch nicht heraus, wenn wir von „Aufhebung des Subjekt-Objekt-Bezugs" sprechen. Von dem in das Nirvana eingegangenen Buddha heißt es vielmehr in den Texten, daß er in solcher Weise verschwindet, daß man von ihm auch nicht mehr sagen kann: es gibt ihn nicht. Man versenke sich einen Augenblick in den Abgrund dieses Gedankens, um dessen inne zu werden, daß das Nirvana auf keine Weise in den Bereich der Reflexion und der gegenständlichen Sprache „einzubringen", diesen Bereich zu verlassen vielmehr der Witz bei der Sache ist.

Um dies deutlicher zu machen, ist in der Kürze, mit der es hier nur geschehen kann, etwas über die Meditation im älteren Buddhismus zu sagen. Und zwar kennt dieser vier Stufen meditativer Versenkung, die im Kanon stereotyp in der gleichen Form immer wiederkehren.

1. Stufe. Loslösung von der sinnlichen Welt. Dies führt zu innerer Freude und zu Wohlgefühl, ohne daß dabei das Nachdenken, die Reflexion also, aufhört.
2. Stufe. Das Nachdenken und Überlegen wird zum Erliegen, zur Ruhe gebracht. Daraus entsteht erneut Freude und gesteigertes inneres Wohlsein.
3. Stufe. Diese Freude klingt ab. Statt dessen strömt (transzendentales) Glücksgefühl ein.
4. Stufe. Loslösung auch noch von diesem Glücksgefühl. Völliger Gleichmut.

Es ist wichtig zu erkennen, daß eine Stufe aus der andern

notwendig hervorgeht, wobei das Gefühl des Unbehagens, der Defizienz, das auf jeder der drei ersten Stufen noch vorhanden ist, zum Weitersteigen nötigt, daß die Schwierigkeiten und mit ihnen die Verleitung zur Flucht in die Illusion von Stufe zu Stufe progressiv wachsen, aber auch im gleichen Maße die Fähigkeiten zu ihrer Überwindung.

Übrigens erscheinen diese vier Stufen in der christlichen Mystik wieder. Vielleicht wird manchem von daher besser verständlich, worum es hier geht. Ich gebe sie wiederum schlagwortartig wieder, und zwar nach Johannes Evangelista von Hertogenbosch. Er hat von 1588 bis 1635 gelebt. Seine holländisch verfaßte Hauptschrift „Het Ryck Godts in der Zielen ..." (Das Reich Gottes in der Seele ...), 1637, zwei Jahre nach seinem Tod erstmals gedruckt, erschien, außer in englischen und spanischen Übersetzungen, in verschiedenen deutschen Ausgaben, die erste Sulzbach 1665, die fünfte und letzte Augsburg 1848. Läßt man sich durch das Zeitgebundene der Sprache und des Titels nicht abschrecken und täuschen, so wird man mit Staunen gewahr, daß hier eine Meditationsanweisung vorliegt von einer Subtilität, die ohnegleichen ist.

Johannes Evangelista spricht von „vier Punkten":
1. Punkt. Lassen der geschaffenen Dinge, der „Kreaturen". Aber damit hat man noch nicht sich selbst gelassen.
2. Punkt. Lassen meiner selbst. Dies führt zur göttlichen Einstrahlung. Aber diese ist nicht Gott, sondern Gabe Gottes, und will ich sie, so will ich in Wahrheit mich und nicht ihn.
3. Punkt. Lassen der Gaben Gottes. Damit empfange ich Gott selbst als Gabe. Aber wiederum gilt, daß ich solcherweise die Gabe und das heißt mich will.
4. Punkt. Lassen auch noch Gottes.

Doch zurück zum älteren Buddhismus. Es ist nun von entscheidender Wichtigkeit zu sehen, daß die vierte und letzte Versenkungsstufe, das Leersein und der völlige Gleichmut, für den älteren Buddhismus nicht etwa schon das Nirvana oder den Nirvanazustand bedeutet, wohl aber von ihr und nur von ihr aus der Übergang dahin erfolgt, und dieser gegenüber den früheren Übergängen von einer Versenkungsstufe zur andern etwas gänzlich anderes ist. Sehr bald hat man das nicht mehr verstanden und sich mit der vierten oder einer noch früheren Meditationsstufe begnügt. Ja, heutzutage werden wohl nicht wenige, wenn sie halb auf die erste Stufe gelangen, meinen, sie seien bereits im Metanirvana, von dem aus sie dann kritisch auf das Nirvana hinblicken. Denn auch schon da stellt sich durchaus ein gewisses Glücksgefühl ein. Aber Nirvana ist keine psychologische oder psychotherapeutische Größe, während die Meditation auf den ersten beiden genannten Stufen es in einem gewissen Grade sein kann. Die vierte Stufe ist auch nicht so etwas wie ein Trancezustand, sondern vielmehr ein Zustand äußerster innerer Wachheit und Präsenz, wie er erforderlich ist, um den letzten und eigentlichen Übergang mit sich ganz zu vollziehen.

Nirvana ist keine psychologische Größe, aber auch keine kosmologische. Besonders instruktiv ist dafür eine berühmte „Udana" Buddhas, eine spruchartig-feierliche Aussage, in der sich eine „momentan aufleuchtende" Erkenntnis bekundet. Es lautet: „Es gibt, ihr Mönche, ein Nichtgeborenes, ein Nichtgewordenes, ein Nichtgemachtes, ein Nichtverursachtes. Wenn es, ihr Mönche, dieses Nichtgeborene, Nichtgewordene, Nichtgemachte, Nichtverursachte nicht gäbe, so ließe sich für das Geborene, das Gewordene, das Gemachte, das Verursachte kein Ausweg finden. Weil es aber, ihr Mönche, ein Nichtgeborenes, ein Nichtgewordenes, ein Nichtgemachtes, ein Nichtverursachtes gibt, darum findet sich auch ein Ausweg für das Geborene, das Gewordene, das Gemachte, das Verursachte."[5]

In seiner ganzen Art, auch der Diktion nach, scheint das an frühgriechisches Denken anzuklingen. Buddha lebte um 500 vor Chr., also etwa zu der Zeit von Parmenides und Heraklit, in denen dieses kulminiert. Anaximander, der erste frühgriechische Denker, von dem ein schriftliches Wort überliefert ist, eröffnet gleichsam die abendländische Philosophie mit der Aussage: „ἀρχὴ τῶν ὄντων τὸ ἄπειρον" - Ursprungsgrund der seienden Dinge ist das Unbegrenzte. Und später wird immer wieder neu der Gedankengang variiert: Alles, was ist, ist begrenzt. Als Begrenztes erfordert es einen Grund. Der Grund muß verschieden sein von dem, was er begründet. Also muß alles, was ist, einen Grund haben, der selber nicht begrenzt ist und nicht von der Art des Begrenzten sein kann.

Es scheint nun ungemein lehrreich an dem Buddha-Wort, daß es *nicht* in solcher Weise schließt, nicht sagt: Weil es etwas Begrenztes gibt, muß es ein Unbegrenztes als dessen Grund geben, sondern: es muß ein Unbegrenztes geben, weil es sonst keine Erlösung für das Begrenzte gäbe. - Das ist etwas ganz anderes. Das Nichtgeborene, Nichtgewordene ... wird zu dem Geborenen, Gewordenen ... in keine kausative Beziehung gesetzt, womit Buddha ja wieder ein transzendentes Absolutes statuierte und dem metaphysischen Denken verfiele, das er doch gerade abwehrt, sondern diese wird durch das vierfache Nicht gerade verwehrt. Die Aussage Buddhas ist weder eine ontologische noch eine kosmologische, sondern eine „soteriologische". „Erlösung" ist das zentrale und das einzige Thema des Buddhismus. Erlösung - wovon? Von der Vergänglichkeit. -

Das Nirvana ist keine Arche, nicht als Ursprung des Menschen und seiner Welt aufgefaßt. Es hat damit schlechterdings nichts zu tun, wohl aber der Mensch mit ihm, insofern es sein Anliegen ist, dahin über- und einzugehen. Es ist daher auch nicht auf dem Wege der Verneinung faßbar, sondern entzieht sich allen Denkbestimmungen und muß es, wenn das stimmt, was vorher über die Meditation gesagt wurde. Das gegenständliche Denken wird bereits auf deren zweiter Stufe überwunden und verlassen. - Damit sind allerdings für den westlichen und modernen Menschen die Probleme noch keineswegs gelöst; vielmehr widerstrebt dem alles in ihm. Davon gleich mehr.

Zuvor sei eine Atempause gemacht und ein Wort zu den Buddha-Bildern gesagt. Wenn sich nämlich absolute Transzendenz auch jeder direkten und indirekten kategorialen Bestimmung entzieht, so nicht jeder Darstellbarkeit. Und die frühe Kunst des Buddhismus dürfte für dessen geistiges Verständnis von nicht geringer Bedeutung sein. Der westliche Mensch findet die heute allenthalben verbreiteten Buddha-Statuetten doch wohl im Grunde seiner Seele „komisch" und mancher wird bei sich denken wie Schopenhauers streng katholische Haushälterin Margarethe Schnepp, die ausrief, als dieser einen vergoldeten Buddha 1856 aus Paris erhalten hatte: „Der sitzt ja wie ein Schneider da!" und wird vielleicht noch ergänzen: und schneidert dazu nicht einmal, sondern hat die Hände in den Schoß gelegt und tut nichts. Schlimm!

Was das Nichtstun betrifft, so hat der ältere Buddhismus der Arbeit allerdings keinen sittlichen Wert zuerkannt. Sie war den Mönchen verboten. Dies ist übrigens etwas, was das östliche Mönchstum von dem westlichen wesentlich unterscheidet. Das bedeutet aber nicht, daß er der Trägheit das Wort geredet hätte. Das Gegenteil ist der Fall. Man lese nur das große Sutta Assapura aus der Sammlung der mittleren Texte des Pali-Kanons nach mit dem beständigen Refrain: „Denn es ist noch mehr zu tun!" Dieses Sutta ist übrigens ein Kompendium der buddhistischen Lehre.[6] Schopenhauer brauste auf und fuhr seine Haushälterin an: „Sie grobe Person, so spricht sie von dem Siegreich-Vollendeten! Habe ich jemals ihren Herrgott gelästert?" Aber eben dadurch zeigt er, daß er über einen „Europäer-Buddhismus", wie sein „Schüler" Nietzsche es ausdrückt, noch nicht sehr hinausgelangt war.

In Wahrheit sind die Buddha-Bilder, zumal die älteren, nicht, wie man zunächst meinen könnte, naturalistische Abbilder von Meditierenden. Fotografien von Buddha-Plastiken mit daneben sitzenden gleichartigen indischen Yogin, wie man sie gelegentlich findet, lassen das deutlich erkennen. Auch sind sie nicht idealistische Vorbilder für Meditierende. Das sind vielleicht in gewisser Weise die Darstellungen der Arhants, der Jünger Buddhas. Gerade wenn man diese Plastiken mit denen Buddhas vergleicht, sieht man, daß diese etwas dem gegenüber ganz anderes sind, nämlich realistische Sinnbilder und als solche allerdings Anreger und Förderer der Meditation. Sie sind stets typisiert und stilisiert. Dadurch daß das materielle Gebilde in diesem Fall eine Abstraktion und Fiktion ist, vermag es, im Hinblick auf Transzendenz zum Sinnbild zu werden, wobei die Symbolkraft deshalb von der Gestalt des Menschen ausgeht, weil nur er absoluter Transzendenz fähig ist.

In hohem Maße haben Plastiken der Gupta-Periode der indischen Kunst und der Wei-Periode der frühchinesischen Kunst diesen Charakter, und es läßt sich hier dann sehr klar weiter der geschichtlich notwendige Prozeß der Verflachung und Veräußerlichung verfolgen: von absoluter Transzendenz zu relativer, von dieser zu Immanenz und schließlich zu leerer Imitation, die dann zu serienmäßiger Herstellung in Werkstätten und endlich zu maschineller Produktion in Fabriken führt, bei der jedes Stück mit dem andern „identisch" ist. In dieser Form hat das Buddha-Bild heute seine eigene Art von beschaulicher Existenz in Warenhäusern und Nippgeschäften.

Wenden wir uns jetzt der westlichen Mystik zu, so ist es für den zweiten Teil meines Vortrags bezeichnend, daß ich der Substanz nach nichts zu sagen habe, was über den ersten Teil hinausginge, und es dennoch jetzt erst eigentlich interessant wird und manchmal spannend wie in einem Kriminalroman. Worum es dabei geht, ist, das Konventionelle in der Rede von der absoluten Transzendenz zu erkennen und zu überwinden, soweit das überhaupt möglich ist.

Die große Scheide scheint hier zunächst zu sein, daß die westliche Mystik insgesamt theologisch denkt. Der ältere Buddhismus ist bekanntlich atheistisch, nicht in dem Sinn, daß er die Götter der traditionellen Religion geleugnet hätte, wohl aber, daß er keinen Gott als letztes Prinzip und als Ursprung aller Dinge kennt. Ich meine indessen, nicht hier ist eigentlich die Differenz zu suchen, sondern vielmehr darin, daß die westlich-abendländische Mystik philosophisch denkt. Ihr theologisches Denken ist nur eine Folge davon. Dies wird besonders daran sichtbar, daß ihre beiden prominentesten Repräsentanten, Plotin und Meister Eckhart, von einem unbezwinglichen Drang zum spekulativen Begreifen und Erkennen bezeichnet sind. Bekannt ist etwa der Einfluß, den Eckhart auf die Bildung der deutschen philosophischen Terminologie ausgeübt hat. - Plotin ist vielleicht der einzige bedeutende Mystiker, der keiner Religionsgemeinschaft angehört und keine begründet hat, aber er denkt darum nicht unabhängig, sondern verstand sich vorzüglich als Erneuerer und Schüler von Platon. Dieser ist aber als Urheber und Begründer dessen anzusehen, was wir im prägnanten Wortsinn Philosophie nennen.

Die Frage drängt sich auf: Ist im Denken Platons Mystik und wenn ja, wie weit? Ich glaube, man kann darauf eine sehr bestimmte Antwort geben - und es ist klar, daß dies von entscheidender Bedeutung für alles weitere ist. Sie lautet: Von absoluter Transzendenz ist bei Platon nichts zu finden, wohl aber manches von relativer.

Geht man von dem schriftlichen Werk Platons aus - was wir hier allein zu tun haben -, so verweist von den Dialogen am meisten auf Mystik das Symposion, genauer der letzte Teil von dessen Diotima-Rede. Der darin geschilderte dreistufige Aufstieg, an dessen Ende der Überschritt und Sprung zum „Schönen selbst" geschieht, ist jedenfalls für die nachfolgende abendländische Mystik zu einem immer wieder angeführten Leitbild geworden.

Doch handelt es sich dabei eindeutig um relative Transzendenz, so stark auch ein mystischer Unterton zu spüren ist. Die schönen Dinge sind an das Schöne selbst geknüpft durch Teilhabe. Ganz deutlich wird das in der Politeia, wo das - mit dem Schönen identische - Gute ausdrücklich als der Ursprung des Alls dargestellt und erwiesen wird. - Zwar sagt Platon-Sokrates dort an einer berühmten Stelle, die für die nachfolgenden Mystiker wie ein Signal gewesen ist, daß das Agathon, das Gute, nicht Sein sei, sondern noch über das Sein an Würde und Macht hinausrage (509b). Als der Grund der Ideen und des Seienden kann das Gute nicht in dem Sinn seiend sein wie diese; anderseits wird das Gute aber von Platon eindeutig als Gestalthaftes angesprochen und damit als nicht schlechthin Transzendentes gefaßt. Wie sehr auch Platon an gewissen Stellen seiner Dialoge dessen Seinsjenseitigkeit betont haben möge: daß das Gute *nicht* der Ursprung und Grund von allem überhaupt sei, liegt außerhalb seines Gesichtskreises.

Er liegt aber auch außer dem Gesichtskreis von Plotin. Zwar steigert dieser die Jenseitigkeit des Agathon bis ins Äußerste, indem er mit dem philosophischen Gedankengang, daß der Ursprung von dem aus ihm Entspringenden verschieden sein müsse, in unerhörter, neuer Weise ernst macht, aber daß das „Ureine", welches für ihn nun im strengen Sinn Gestaltloses und Unaussprechbares ist, *nicht* der Ursprung von allem sei, wird von Plotin nirgends in Betracht gezogen. Vielmehr emaniert aus dem Ureinen in der bekannten Hypostasenabfolge der gesamte Kosmos.

Am weitesten dürfte hier aber der direkt von Proklos abhängige Dionysius Areopagita gegangen sein, dessen „negative Theologie" (um 500 n. Chr. verfaßt) zur wichtigsten Quelle für die christliche Mystik des Mittelalters und der nachfolgenden Zeit wurde. Er verneint - etwa im 5. Kapitel seiner Theologia Mystica - in großartiger Weise alle positiven und negativen Prädikationen von Gott, nur eine nicht, die er ihm vielmehr in äußerster Weise und bedingungslos zuerkennt, nämlich daß er „die vollkommene und alleinige Ursache aller Dinge" sei. Die via causativa wird durch die via negativa nicht beeinträchtigt, sondern nur noch verstärkt.

Doch gibt es eine merkwürdige Ausnahme. Das ist der christliche Gnostiker Marcion, der im zweiten Jahrhundert gelebt hat. Adolf von Harnack hat ihm eine bedeutende wissenschaftliche Darstellung gewidmet: „Marcion. Das Evangelium vom fremden Gott. Eine Monographie zur Grundlegung der katholischen Kirche, Leipzig 1921". Im Vorwort sagt Harnack von Marcion, daß er „der einzige Denker in der Christenheit" ist, „der mit der Überzeugung vollen Ernst gemacht hat, daß die Gottheit, welche von der Welt erlöst, mit der Kosmologie und der kosmischen Theologie schlechterdings nichts zu tun hat." Ich korrigiere Harnack. Ich meine nämlich, daß es noch einen gibt, und das ist Meister Eckhart. Zumindest hat er es an einigen extremen Stellen seiner deutschen Predigten getan.

Marcions Lehre wurde von der römischen Synode als „schlimmste Ketzerei" im Jahre 144 abgelehnt und er selbst von der Kirche ausgeschlossen. Die von Dionysius Areopagita wurde auf dem lateranischen Konzil von 649 ausdrücklich als rechtsgläubig anerkannt. Meister Eckhart wurde von der Kirche 1326 der Prozeß gemacht.

Doch Marcion ist Gnostiker, nicht Mystiker. Zwar ist der unbekannte, „andere Gott", von dem er spricht, dieser Welt und ihrem Schöpfer „fremd", aber wird selber als Schöpfer von Unsichtbarem aufgefaßt[7]. Eckhart macht mit dieser Andersheit in ungleich tieferer Weise ernst, und hier zeigt sich der immense geistige Abstand zwischen beiden. Als philosophisch und christlich-mittelalterlich Denkender ist auch er zunächst und durchweg an dem Begriff Gottes als Schöpfer dieser Welt orientiert. Daneben gewinnt aber für ihn eine weitere Unterscheidung überragende Bedeutung, nämlich die zwischen Gottheit und Gott. Die Gottheit ist Gott, wie er in sich selbst ist, im Gegensatz zu dem dreieinigen Gott, wie er für das von ihm Geschaffene ist. Die Gottheit ist „verborgen", verstandesmäßig in keiner Weise faßbar. Von Gott als Gottheit kann nur die Identität (in dem früher dargelegten Sinn) ausgesagt werden: er ist, der er ist, während der Schöpfergott in dem trinitarischen Prozeß von dem Geschöpf erkannt werden kann.

Auch die Unterscheidung zwischen Gottheit und Gott ist nicht erst von Eckhart, sondern entstammt der scholastischen Tradition, aber neu und unerhört scheint mir nun, wie er diese fundamentale Differenz an gewissen Stellen seiner deutschen Predigten bis ins Äußerste steigert. Es geschieht dies stets mit fast maßlos anmutender Leidenschaftlichkeit. So am Ende der „Bürglein-Predigt", die als eine der bestgesicherten und charakteristischsten für Eckhart gilt, und in der Predigt „Noli timere eos", die er mit den Worten schließt: „Wer diese Predigt verstanden hat, dem gönne ich's wohl. Wäre niemand hier gewesen, ich hätte sie diesem Opferstock predigen müssen. Es gibt manche armen Leute, die kehren wieder heim und sprechen: ‚Ich will an einem Ort sitzen und mein Brot essen und Gott dienen.' Ich spreche bei der ewigen Weisheit, daß diese Leute verirrt bleiben müssen und niemals erlangen und kriegen können, was die andern erlangen, die Gott nachfolgen in Armut und Fremde. Amen."

In dieser Predigt hatte es vorher geheißen: „Nun bitte ich euch: vernehmt bei der ewigen Wahrheit und bei der immerwährenden Wahrheit und bei meiner Seele. Nun will ich aber sagen, was ich (noch) nie gesagt habe. Gott und Gottheit sind so weit voneinander verschieden wie Himmel und Erde." Und etwas später: „So reden alle Kreaturen von Gott. Und warum reden sie nicht von der Gottheit? Alles das, was in der Gottheit ist, das ist Eins und davon ist nicht zu reden. Gott wirkt, die Gottheit wirkt nicht, sie hat nichts zu wirken, in ihr ist kein Werk. Sie hat niemals nach einem Werk Ausschau gehalten." Hier und an einer Reihe entsprechender Stellen in anderen Predigten ist in der Tat die Differenz zwischen Gottheit und Gott derart gesteigert, daß es fast nur noch die analoge Bezeichnung ist, die beide zusammenhält, und „die Gottheit, die erlöst, mit dem Gott, welcher die Welt schafft", „nichts mehr zu tun hat". Die Intensität seiner einmaligen Erfahrung, ein unverwechselbares inneres Wissen - und in diesem Sinn sind die emphatischen Beteuerungen wie: „bei der ewigen Wahrheit", „bei meiner Seele" zu verstehen, die sich jedesmal an solchen Predigtstellen finden - nötigen Eckhart, die traditionellen und konventionellen Formeln und Verstehensweisen zu sprengen und aufzugeben und zu sagen, was schlechterdings Anstoß erregen und ihn in tödlichen Konflikt bringen mußte mit einer Gesellschaft und Kirche, die Macht in der Welt entfalten will.

Ich möchte diese Dinge noch von einer anderen Seite beleuchten. Platon hat in der eigentümlich maßlosen „Digression" in der Mitte des Thätets, des Dialogs also, mit dem er die zweite Phase seines Philosophierens einleitet, die innerste Intention seines Denkens auf eine einfache Formel gebracht: ὁμοίωσις θεῷ κατὰ τὸ δυνατόν, Angleichung an Gott so weit wie möglich (176b).

Ist diese Formel mystisch? Nein. Die entsprechende mystische Formulierung lautet vielmehr: ἕνωσις θεῷ, Einswerden mit Gott. - Was ist der Unterschied? Platons Formel fordert, das, was ist, solchem, was als gut und vollkommen gedacht wird, anzugleichen, soweit es dem Menschen möglich ist. Etwas vereinfacht gesagt: sich und die Welt nach Möglichkeit verbessern. Sie ist idealistisch, ja spricht das Wesen des Idealismus in betont einfacher Weise aus. Man sieht übrigens daran, daß auch aller sogenannter Materialismus durchaus idealistisch ist.

Anders die Mystikerformel. Das „nach Möglichkeit" fehlt in ihr. Denn womit einswerden kann ich nur ganz oder gar nicht. Und Einswerden ist hier nicht im Sinne irgendeiner gegenständlichen oder personalen Vereinigung oder Verschmelzung gemeint: nicht soll ich mich vollkommen und so weit wie möglich zu Gott machen, sondern mich lassen und dadurch das, was ich nicht bin, das Wirkliche, eigentlich, nämlich so, wie es sich durch sich selbst bekundet und bezeugt, ergreifen.

Mystik ist nicht und nie idealistisch, sondern realistisch. Wenn etwa Eckhart in seinem „Buch der göttlichen Tröstung" schreibt: „Und darum, weil Gott in irgendeiner Weise will, daß ich auch Sünde getan habe, so wollte ich nicht, daß ich sie nicht getan hätte. Denn so geschieht Gottes Wille auf Erden ...", dann ist das tief realistisch. Diese Stelle gehört zu den von der päpstlichen Bulle „In agro dominico" vom 27. März 1329 inkriminierten.

Wir nehmen daran nicht mehr den gleichen Anstoß. Wir wollen nicht Vollkommenheit, sondern Wirklichkeit. Der Idealismus in dem dargelegten Sinn ist uns heute zutiefst fragwürdig geworden. Dessen großer Kritiker in neuerer Zeit ist Nietzsche gewesen, und wer möchte bei aller Differenz, wie sie schon durch den geschichtlichen Abstand gegeben ist, das wunderbar Verwandte zwischen ihm und Eckhart übersehen: das Schöpferische und die Meisterschaft bei beiden in der Handhabung der deutschen Sprache, die ungeheure innere Intensität, mit der sie selbst an dem von ihnen Gedachten Anteil nehmen, das Extreme und Konsequente ihres Denkens, das Kühne, Paradoxe, Widersprüchige, Übersteigerte, Provokative, Brillante, vielfältig Schillernde des Ausdrucks und nicht zuletzt die Weise, wie bei beiden das Leben und das Mysterium des Lebens zum schlechthin bewegenden Thema wird. -Nietzsche hat mit aller Deutlichkeit das erkenntnismäßig Illusionistische und seinsmäßig Utopische des herkömmlichen Idealismus erkannt und gezeigt, wie dieser, indem er das Wesen der Realität von Grund aus verkennt, zur Verleumdung der Sinnlichkeit, zu Ehrfurchtslosigkeit vor der Natur und damit in das führt, was Nietzsche geschichtlich als den Nihilismus begreift und durchdenkt. Popular ausgedrückt: Weltverbesserung ist wesensmäßig nur eine vermeintliche, führt nicht in den Himmel, sondern in die Hölle. Nietzsche wird damit zu dem einmaligen Kritiker der westlichen Welt, der er ist.

Es sei das Gesagte an dem mystischen Fundamentalbegriff des Lassens noch deutlicher gemacht. Die Gelassenheit, Abgeschiedenheit ist Grundthema der Predigten von

Meister Eckhart und der nachfolgenden deutschen Mystik von Seuse, Tauler, Ruysbroeck bis hin zur „Theologia deutsch".

Gelassen ist danach, wer sich selbst und die Welt gelassen und sich Gott gelassen hat. Lassen einmal im Sinn von loslassen, fahrenlassen, und lassen im Sinn von sich überlassen. Gegenbegriff zu lassen in der ersten Bedeutung ist: annehmen.

Gelassenheit ist nicht zu verwechseln mit Gleichgültigkeit. Bin ich gegen etwas gleichgültig, so beziehe ich mich durchaus darauf. Man sagt zum Beispiel: jemanden durch Gleichgültigkeit strafen. Gelassenheit ist dagegen Beziehungsaufgabe. Diese ist nicht denkbar. Gelassenheit ist daher paradox und muß es sein. Sonst wäre sie doch wieder nur eine weltliche Haltung neben andern. Die Welt schwindet für den Gelassenen keineswegs: im Gegenteil, sie gewinnt für ihn eine neue Realität von unerhörter Sachlichkeit: er nimmt sie nicht an, er lehnt sie nicht ab, er ist nicht gegen sie gleichgültig. - Man könnte unterscheiden zwischen interessiert, uninteressiert und desinteressiert sein. Gelassenheit wäre dann Desinteressiertheit, Indifferenz, nicht aber Indolenz. (Im Englischen Sprachbereich hat man dafür den Ausdruck Nonattachment geprägt, zu unterscheiden von Attachment und Unattachment.)

Die Abgeschiedenheit von sich und der Welt ist jedoch nur die eine Seite der Gelassenheit; die andere ist Hinwendung zu dem, was nicht Welt ist, das Sich-Gott-überlassen, und dieses ist der Grund für jenes.

Sich selbst und die Welt lassen und sich Gott lassen: man sieht, daß diese Formel mit ihrer Dreiheit Seele, Welt, Gott, christlich-mittelalterlichem Denken entstammt, kosmologisch und theologisch orientiert ist. - Aber hier zeigt sich nun wiederum das Außerordentliche an Meister Eckhart, daß er dabei nicht stehen geblieben ist, sondern dieses konventionelle Schema sprengt und jenseits davon gelangt. In der Predigt „Qui audit me", der sogenannten „Gelassenheitspredigt", an deren Schluß von ihm das deutsche Adjektiv „gelassen" unmittelbar im Zuge der Darlegung geprägt wird, sagt er nämlich: „Das Höchste und das Nächste, das der Mensch lassen kann, das ist, daß er Gott um Gottes willen lasse."

Der Satz ist ebenso paradox wie provokativ. Das sollte man ihm nicht zu nehmen suchen. Das „Um Gottes willen" ist uns längst zu einer leeren Redensart verblaßt: „Um Gottes willen, tu das nicht!" Inhaltlich zielt er auf das früher Dargelegte: man soll Gott als den dreieinigen Schöpfergott, wie er für einen als Geschöpf ist, lassen um der Gottheit willen, also um Gottes willen, wie er in sich selbst ist. Tue ich das, dann mache ich mich damit, daß ich jedes theologische und kosmologische Vorstellen verlasse, bereit, zu dem Schritt und Übergang in einen Bereich, der mit Gott und Welt im herkömmlichen Sinn nichts mehr zu tun hat.

Gemeint ist also: man soll Gott um der Gottheit willen lassen. Aber Eckhart hat es nicht so gesagt. Er hat auch nicht an der ersten Stelle Gott in Anführungszeichen gesetzt: er schrieb dies ja nicht, sondern sprach es. Es muß dabei bleiben: Gott um Gottes willen lassen. Nur so behält das Paradox seine versehrende Schärfe. Sonst ist das ganze wieder in den uns nur allzu vertrauten Bereich gegenständlichen Vorstellens zurückgebracht, wo wir alles und nichts ernst nehmen. Eckhart gelangt mit ihm zu einem „Atheismus", der ebenso wenig konventionell ist wie der des älteren Buddhismus und wie der von Plotin und der von Nietzsche, und wir gelangen nach da, wo wir eigentlich hinwollen: jenseits von Ost und West, ins „Vorgebürg der Ewigkeit", wie es in einem älteren Mystikertext heißt.

Damit könnte mein Vortrag schließen. Aber haben wir uns nicht doch allzu weit von der Gegenwart, dem Hier und Jetzt entfernt? Kehren wir also lieber dahin zurück. Und was könnte besser zu solcher Rückkehr verhelfen als die Zeitungen. Und was könnte beruhigender sein als deren Wochenendbeilagen! Aber der Artikel, über den ich zum Abschluß sprechen möchte, ist gar nicht so beruhigend. Er trägt nämlich die Überschrift: „Ist in 5000 Jahren alles vorbei?"

Das ist schon eine Frage. Und wieder eine *Frage*. Die Sache ist die: Bekanntlich steht unser Sonnensystem im Weltraum nicht still, sondern bewegt sich darin, und zwar mit einer Geschwindigkeit von über hunderttausend Kilometern in der Stunde. (Geschwindigkeitsbegrenzungen liegen im Weltall zum Trost für unsere Autofahrer ja erst bei 300 000 km in der Sekunde!) Es könnte nun passieren, daß es dabei mit anderen Sternen zusammenstößt oder in einen kosmischen Nebel gerät oder sonst dergleichen. Das weiß man schon seit einiger Zeit. Die Wahrscheinlichkeit für eine solche Katastrophe schien aber bisher gering. Nun beobachtet seit acht Jahren - und davon handelt der Artikel - der amerikanische Forschungssatellit „Copernicus" den kosmischen Raum und die Verteilung und Intensität der interstellaren Masse darin und ist zu dem alarmierenden Ergebnis gekommen, daß unser Sonnensystem sich aus einer Gegend mit extrem dünner interstellarer Masse auf eine „Dunkelwolke" zubewegt, in der diese Masse fünfzigtausendmal dichter ist, und daß es diese Dunkelwolke in etwa 5000 Jahren erreichen wird. Das würde dann zunächst eine Abnahme der Sonneneinstrahlung auf die Erde zur Folge haben und zu einer neuen Eiszeit führen, welche aber vielleicht die Menschheit überleben könnte, indem sie vermöge einer hochentwickelten Technik in den „Untergrund" geht. „Dann aber, sobald das Zentrum der Dunkelwolke erreicht ist, naht das Ende der Menschheit wohl unweigerlich." Die Sonne würde nämlich infolge der Erstickung des Sonnenwindes die zusätzliche Atmosphäre an sich binden, dadurch eine immense Leuchtkraftsteigerung erfahren und alles auf der Erde verbrennen.

Daß irgendwann alles irdische Leben durch eine Sonnenkatastrophe vernichtet werden wird, ist, wie gesagt, schon lange bekannt. Was neu hinzukommt, ist die Detailliertheit der Angaben und die zeitliche Bestimmtheit vermöge der Satellitenforschung, und überraschend ist dabei die Kürze, in welcher diese Katastrophe bevorsteht. Denn nach astronomischen Maßen sind fünftausend Jahre nur eine verschwindend kleine Zeit, und selbst nach Maßen der Erde, deren Alter heute auf etwa fünf Milliarden Jahre geschätzt wird. Die Überschrift des Artikels müßte also eigentlich lauten: „Ist *schon* in fünftausend Jahren alles vorbei?" -

Aber nicht wegen der astronomischen Angaben führe ich diesen Artikel hier an. Er sagt ja noch manches andere.

Was soll das heißen: alles vorbei? Ich entsinne mich eines Schlagers, der in den dreißiger Jahren gesungen wurde: „In fünfzig Jahren ist alles vorüber, in fünfzig Jahren ist alles vorbei ..." Politisch bezog er sich wohl auf das „tausendjährige Reich" des Nationalsozialismus. Sonst: mit mir ist es noch nicht vorbei. Fünfzig Jahre, tausend Jahre, fünftausend Jahre - was macht das schon aus!

Aber was soll das heißen: alles ist vorbei? Gewiß, jeder, ob intellektuell entwickelt oder nicht, philosophisch denkend oder nicht, weiß sehr genau, was damit gemeint ist, und es ist sogar auf diese Weise sehr treffend und unverblümt gesagt. Aber ist das Gemeinte selber klar? Und da sind wir wieder bei unserem Problem, dem der Transzendenz und absoluten Transzendenz.

Wohin transzendiere ich mit dem Vorbei, wenn ich sage: Alles ist vorbei? Suchen Sie es sich einmal zu vergegenwärtigen, aber seien Sie vorsichtig, daß Ihnen dabei nicht schwindelig wird und sich alles im Kopf dreht.

Dem allgemeinen Zeitungsleser sind aber schon die astronomischen Perspektiven „zu hoch". Eine Freiburger Studentenwirtin legte ihr Gesicht in nachdenkliche Falten, blinzelte und meinte zu dem Artikel: „Ich glaube kaum, daß ich in fünftausend Jahren noch lebe". Auch der Zeitungsschreiber glaubt offenbar zu dem Hier und Jetzt wieder zurücklenken und zurückkehren zu müssen. Er beschließt nämlich seinen Artikel wie folgt: „Die einzige Hoffnung besteht darin, daß nach Durchqueren der Dunkelwolke das Leben auf der Erde nochmals bei Punkt Null beginnen könnte und dann vielleicht ein Menschengeschlecht entsteht, das etwas mehr Intelligenz und Verstand besitzt als sein Vorgänger." Wie vernünftig und klug, und doch, welch traurige und elende Weisheit! Was für Perspektiven und Maßstäbe! Der Verfasser - Victor Kuntzemüller - aburteilt in der „BZ" vom 9.2.1980 über das gesamte Menschengeschlecht. Und kann ein denkender Mensch, sofern er dergleichen Dinge erwägt, der Frage ausweichen: Und was dann? Wozu dieses neue mit „etwas mehr Intelligenz und Verstand" begabte Menschengeschlecht, das ja auch nicht „immer" weiter leben wird.

Weicht er aber diesen Fragen nicht aus, dann können sie ihm Anstoß zu einem anderen Weltverhalten überhaupt werden. Nicht betrügt er sich kläglich und banal-hochmütig damit, das gegenwärtige Menschengeschlecht nicht als genügend intelligent und anständig zu betrachten und sich auf ein künftiges, vermeintlich besseres zu vertrösten, sondern er gelangt zu einem inneren Stand, wo er sich auf andere Weise geborgen weiß und jede kosmische Katastrophe für ihn belanglos wird, nicht weil er zu ihrer Zeit nicht mehr leben wird, sondern weil sie für ihn in Wahrheit gar nichts Wirkliches ist.

Auch die plausibelste und nüchternste wissenschaftliche Erklärung unserer Tage ist getragen von gewissen Bildern und Allgemeinvorstellungen und spricht uns erst von daher eigentlich an. Der Ausdruck „Dunkelwolke" dürfte sogar eine Anleihe von der Mystik sein: Dionysius Areopagita, The Cloud of Unknowing und Johannes vom Kreuz. Dabei erweisen sich die Weltuntergangsvorstellungen, wie sie die Menschheit in Sagen, Mythen, Naturspekulation und Naturwissenschaft von jeher beschäftigt haben, als „merkwürdig gleichartig" (M. B. Weinstein). Nicht daß dies ihre Wahrheit oder Unwahrheit bewiese; wohl aber zeigt es, daß sie einem gleichartigen Produktionsvermögen und Verhalten des natürlichen Menschen entspringen. - Entwicklungsgeschichtliche Theorie und Forschung belehrt uns, daß dieser sich über das Tier erhoben hat durch die Ausbildung und den Gebrauch von Werkzeugen und dadurch die Herrschaft über die Natur und die andern Naturwesen erlangt hat. So gesehen wäre der Homo technicus eine ebenso konsequente und einseitige Fortentwicklung des Homo rationalis wie dieser des Homo bestialis.

Aber neben dem Homo technicus hat von jeher der Homo mysticus gestanden. - Für ihn freilich kommen Vorstellungen und Reflexionen wie diese ernstlich nicht in Betracht: sie sind ihm nichts Wirkliches, weil er sich selbst nichts Wirkliches ist. Und sein Gleichmut beruht nicht darauf, daß er gleichgültig ist, sondern daß er das Unabdingbare - das, worauf nicht zu verzichten ist - und das Unabwendbare - das, dem nicht auszuweichen ist - als dasselbe erkannt hat.

Wiederum eine Identität, mit der ich schließen möchte.

Anmerkungen

Welt und Wirklichkeit

Vortrag, gehalten in den Philosophischen Gesellschaften von Zürich und Bern im Mai 1974 und im Studium Generale der Universität Freiburg im Juni 1977. Ungedruckt. Zum Teil referiert in: Till Beckmann, Studien zur Bestimmung des Lebens in Meister Eckharts deutschen Predigten, Frankfurt am Main . Bern, 1982 s. 101f.

West-östliche Mystik und das Problem absoluter Transzendenz

Vortrag, gehalten im Studium Generale der Universität Freiburg im Juni 1980 und auf einer Tagung der Marie Gretler-Stiftung an der Universität Zürich im November 1980. Gedruckt in der Herderbücherei Initiave 42, Hrsg. von Gerd-Klaus Kaltenbrunner, 1981. Der Text wurde vom Herausgeber um den letzten Teil gekürzt und mit Titel und Überschriften versehen. Der Vortrag erscheint hier in unveränderter Form.

1 Mentor Book, 1960, S. 70
2 E. Conze, Der Buddhismus, 5. Aufl. 1974, S. 16
3 K. Schmidt, Buddhas Reden (rowohlts klassiker 87/88) 1961, S. 77
4 Siehe E. Frauwallner, Geschichte der indischen Philosophie, I. Bd. Salzburg 1953, S. 225ff; D. Schlingloff, Die Religion des Buddhismus, I, Berlin 1962 (Sammlung Göschen Bd. 174), S. 113f.
5 Zitiert nach M. Winternitz, Der ältere Buddhismus nach Texten des Tipitaka (Religionsgeschichtl. Lesebuch XI), Tübingen 1929, S. 108f.
6 Übersetzung in K. Schmidt. a.a.O., S. 134ff.
7 Harnack, S. 91

WOLFGANG STRUVE, geboren 1917 in Hamburg, studierte Philosophie, Mathematik und Physik an den Universitäten Freiburg i.Br. und Zürich. 1943 Promotion, 1948 Habilitierung, seit 1955 Professor für Philosophie in Freiburg, seit 1981 im Ruhestand.
Buchveröffentlichungen: Wir und Es (Zürich 1957), Der andere Zug (Salzburg 1969), Philosophie und Transzendenz (Freiburg 1969), Übergehn zur Wirklichkeit (Salzburg 1970), Unglaubliche Wirklichkeit. Philosophische und andere Reisenotizen (Salzburg 1972).